‖ 인문교양총서 28

증점, 그는 누구인가

●

임 종 진

인문교양총서 028

증점, 그는 누구인가

임종진 지음

역락

서문

.

    2013년 12월에 처음으로 공자의 고향 땅인 중국 곡부에 갔다. 그리고 이 책과 관련된 주요한 장소인 무우대와 기수 등을 돌아보았다. 그러면서 2,500년 전의 지식인인 공자는 그 난세에 무슨 생각을 하면서 살았을까 하는 물음을 다시 던져 보았다. 어쩌면 이 책은 그러한 물음에 대한 답을 찾아가는 내 나름의 길일 수도 있다.

    지식인은 그 자신의 현재 위치가 남들이 보기에는 비록 주류에 속해 있을지라도 그 의식의 한 자락에는 언제나 비주류를 향한 강한 원심력이 작용하고 있는 것 같다. 또한 그것과 대조적으로 주류를 향한 강한 구심력이 작용하는 경우도 없지 않다. 지식인에게서 나타나는 이러한 주류와 비주류 사이의 진자운동 과정에서 생겨나는 간극이 다름 아닌 지식인이 누릴 수 있는 자유의 폭일 것이다. 그런데 이러한 운동이 크면 클수록 자유는 확대되지만, 그 만큼 고뇌 또한 함께 커지게 된다. 이러한 상황은 지식인에게는 거의 그의 운명이라고 말할 수 있다.

중국사상사에서 주자와 왕양명은 누가 뭐래도 주류에 속하는 인물이다. 그들 자신의 현실적인 삶도 대체로 그러했다. 그런데 흥미롭게도 그들의 의식세계 한편에는 비주류의 의식이 자리 잡고 있는 듯하다. 그와 관련된 결정적인 증거가 바로 증점에 대한 그들의 특별한 관심이다. 공자의 제자 중에서 그다지 큰 비중을 가지지 못한 인물이자 무언가 그 의식에 수상한(?) 측면이 있는, 그래서 공자 문하의 비주류로 볼 수 있는 증점에 대해서 '증점의 재발견'이라고 할 만큼 그를 깊이 분석하고 높게 평가한 것은, 그들의 내면세계에 자리 잡고 있는 비주류의 의식이 작용한 것이라는 설명을 배제하고는 온전히 이해하기가 어렵다.

이러한 태도는 조선의 유학자들도 마찬가지이다. 조선이라는 나라가 어떤 나라인가? 유학의 나라가 아닌가? 그리고 유학자들은 명백히 그 사회의 주류이다. 특히 주자학자들은 주류 중의 주류이다. 이러한 그들이 증점에 대해서 특별한 관심을 보여준 것은 물론 주자의 영향도 있었겠지만, 그들 역시 의식의 한 곳에는 명백히 이러한 비주류의 의식이 작용하고 있었기 때문일 것이다.

어쩌면 이러한 비주류의 의식이 그들을 사상적으로 굳건하게 한 길로 갈 수 있도록 했고, 또한 끊임없이 사회 정의를 외칠 수 있는 에너지원이 되었다고 볼 수 있다. 그런 의미에서 본다면 유교사회에서 비주류의 의식은 사회적 차원에서든 개인적 차원에서든 일종의 '빛과 소금'의 역할을 담당한 셈이다. 그렇다면 오늘날은 어떠할까? 독자들이 이 책을 읽으면서 이러한 문제에 대하여 잠시라도 생각할 수 있다면 필자로서는 망외의 기쁨이 될 것이다.

이 작은 책이 나올 수 있게 된 것은 무엇보다도 경북대학교 인문대학에서 추진하고 있는 인문교양총서 간행 사업 덕분이다. 또한 도서출판 역락에서 출판 업무를 기꺼이 떠맡지 않았다면 이 사업은 현실화되기 어려웠을 것이다. 이렇게라도 언급하여 감사의 뜻을 전하고자 한다. 그리고 우리나라 문집에 소재한 자료의 조사와 번역은 한국고전번역원의 <한국고전종합DB>(http://db.itkc.or.kr)로부터 많은 도움을 받았다. 이러한 혜택을 누릴 수 있도록 일찍이 노력해 주신 분들께 감사를 드리지 않을 수 없다. 끝으로 한 마디만 덧붙인다면, 기왕에 나오는 책인 만큼 인문대학과 출판사에 조금이라도 도움을 줄 수 있는 책이 되었으면 하는 아주 당찬 소망을 품어 본다.

2014년 9월 10일
임 종 진

차례

① 대만 대북의 국립고궁박물원에 있는 공자의 초상 ② 대사구 시절의 공자의 초상(중국 산동성 곡부 문물국) ③ 중국 섬서성 서안의 비림에 있는 공자의 초상

중국 산동성 곡부의 공림 안에 있는 공자의 묘. 비석에는 '대성지성문선왕묘'라고 새겨져 있다.

증점에 관한 실마리를 찾다

『논어』에서 가장 긴 문장은 무엇일까? 그것은 바로 『논어』「선진」편의 마지막 장이다. 이 장은 <욕기장> 또는 <오여점야장>, <시좌장>으로도 불리는데,[1] 이러한 명칭 중에서 한국에서는 <욕기장>, 중국에서는 <시좌장>이라는 명칭이 상대적으로 좀 더 많이 쓰인다. 글의 구성은 공자와 그의 제자인 자로, 증석, 염유, 공서화 사이의 대화로 이루어져 있으며, 그 대화의 내용은 다음과 같다.

자로와 증석과 염유와 공서화가 공자를 모시고 앉아 있었다. 공자께서 "내가 너희들보다 나이가 좀 많다하여 그것 때문에 나를 어렵게 여기지 말라. 평소에 너희들은

---

[1] 〈욕기장(浴沂章)〉, 〈오여점야장(吾與點也章)〉, 〈시좌장(侍坐章)〉.

'나를 알아주지 않는다'라고 말하는데, 만일 혹시라도 너희들을 알아준다면 어떻게 하겠느냐?"라고 말씀하셨다.

자로가 곧바로 "천 대의 전차를 보유한 제후국이 큰 나라 사이에서 속박을 받아 전란에 시달리고 이 때문에 기근까지 겹쳐도, 제가 다스린다면 삼년 정도에서 백성들을 용맹하게 하고 또 의로운 길로 향할 줄 알게 할 수 있습니다"라고 대답하니, 공자께서 빙그레 웃으셨다.

공자께서 "구(염유)야! 너는 어떻게 하겠느냐?"라고 하시자, "사방 육칠 십리 혹은 오륙 십리 쯤 되는 작은 나라를 제가 다스린다면 삼년 정도에서 백성들을 풍족하게 할 수 있거니와, 예악에 있어서는 군자를 기다리겠습니다"라고 대답하였다.

공자께서 "적(공서화)야! 너는 어떻게 하겠느냐?"라고 하시자, "제가 잘 할 수 있다는 말이 아니오라 배우기를 원하는 것입니다. 종묘의 제사나 또는 제후들이 회동할 때에 예복과 예관을 갖추고 예의를 돕는 작은 집례자가 되기를 원합니다"라고 대답하였다.

공자께서 "점(증석)아! 너는 어떻게 하겠느냐"라고 하시자, 증석은 비파를 타던 속도를 늦추다가 뎅그렁하는 소리를 내면서 타는 것을 멈추고는, 비파를 밀어 놓고 일어나서 "세 사람이 말한 것과는 다릅니다"라고 대답하였다.

공자께서 "무슨 상관이 있느냐? 또한 각기 자기의 뜻을 말하는 것이다"라고 말씀하시자, "늦은 봄날에 봄옷이 마련되면 어른 대여섯 명과 아이들 예닐곱 명과 함께 기수에서 목욕하고 무우에서 바람 쐬고 노래하면서 돌아오겠습니다"라고 증석이 말하니, 공자께서 크게 감탄하시며 "나는 증점과 함께 하리라"하고 말씀하셨다.

세 사람이 나가고 증석이 뒤에 남았는데, 증석이 "저 세 사람의 말이 어떻습니까?"라고 말하니, 공자께서 "또한 각기 자기의 뜻을 말했을 뿐이다"라고 말씀하셨다.

증석이 "선생님께서는 어찌하여 유(자로)의 말에 웃으셨습니까?"라고 물으니, 공자께서 "나라를 다스리는 일은 예로써 해야 하는데, 그의 말이 겸손하지 않기 때문에 웃은 것이다"라고 말씀하셨다.

증석이 "구가 말한 것은 나라를 다스리는 일이 아닙니까?"하고 묻자, 공자께서는 "사방 육칠 십리 혹은 오륙 십리쯤 되고서 나라가 아닌 것을 어디서 보겠느냐?"라고 말씀하셨다.

증석이 "그렇다면 적이 말한 것은 나라를 다스리는 일이 아닙니까?"하고 묻자, 공자께서는 "종묘의 제사와 회동하는 일이 제후의 일이 아니고 무엇이겠느냐? 적의 뜻이 작다고 하면 누구의 뜻이 큰 것이 될 수 있겠느냐?"라고 말씀하셨다.

－『논어』「선진」

이 장은 『논어』에서 가장 긴 문장이며, "워낙 드라마틱한 구성을 과시하고 있어 사람들에게 자주 회자되는 장"이다(김용옥, 『논어한글역주 3』, 297쪽). 스승을 모시고 네 제자가 대화를 나누는 이 상황은 한 폭의 그림을 떠올리게 하는데, 그 속에서 나온 증점의 대답은 또 다른 그림을 연상시키고 있다. 이것은 문학에서 말하는 일종의 액자소설의 기법에 해당하는 것이다. 그런데 이 대화에서 특별히 주목할 만한 점은 공자의 다른 세 제자와는 다른 입장을 보여준 증석[2] 곧 증점이라는 제자의 대답이다. 자로, 염유, 공서화는 모두 현실의 문제와 직접 연관된 정치적 포부를 피력함으로써 현실 참여를 당연시하는 유가로서의 '모범답안'을 제출하였다. 그런데 드러난 말로만 평가한다면 증점의 대답은 그러한 대답과는 방향을 달리하는 것이었다.

> 늦은 봄날에 봄옷이 마련되면 어른 대여섯 명과 아이들 예닐곱 명과 함께 기수에서 목욕하고 무우에서 바람 쐬고 노래하면서 돌아오겠습니다.[3]

여기서는 관련 지명에 대한 약간의 보충 설명이 필요하다. '무우'는 '무우대'를 가리키는 말인데, '우대'라고도 불린다.

---

[2] 증석(曾晳)의 이름은 증점(曾點)이며, 『사기(史記)』「중니제자열전(仲尼弟子列傳)」에는 '증점(曾蒧)'으로 나온다. 자는 석(晳). 『공자가어(孔子家語)』「제자해(弟子解)」에는 그의 자가 자석(子晳)으로 나온다. 증삼 곧 증자의 아버지이다. 생몰 연대는 알 수 없다. 증삼의 나이를 토대로 추리해 보면 공자보다 대략 20여 세 적었을 것이다. 주자(朱子)는 증석의 나이를 자로보다는 적고 염유보다는 많은 것으로 보았다.

[3] 『論語』「先進」, "莫春者, 春服旣成, 冠者五六人, 童子六七人, 浴乎沂, 風乎舞雩, 詠而歸."

옛날 주왕조 때 노나라 도성이 있었던 지금의 중국 산동성 곡부는 공자가 살았던 곳이다. 무우대는 이 도성에서 남쪽으로 3리쯤 떨어진 '기하'의 북쪽 기슭에 자리 잡고 있다. 이곳은 흙으로 비교적 높고 크게 쌓아올린 언덕으로, 원래 노나라에서 기우제를 지내던 제단이었다. 현재 무우대의 크기는 동서로 120미터, 남북으로 125미터, 높이는 대략 7미터 정도이며, 복숭아나무, 살구나무, 버드나무 등이 백여 그루 심어져 있다. 무우대 안에는 두 개의 석비가 있는데, 하나에는 '무우단' 또 하나에는 '성현낙취'라는 글자가 새겨져 있다. '무우단' 비석은 명나라 때인 1566년에 세워졌다고 한다. '성현낙취'는 '성인(공자)와 현인(증점)의 즐거움'이라는 뜻이다. 그리고 여기서의 '기수'는 무우대 남쪽 가까이에 있는 '기하'를 가리키는 말로 보인다.[4]

그런데 이러한 증점의 말을 통해서 우리는 '사람들과 더불어 즐거움을 함께 한다(여민동락)'[5], '속세를 떠나 아무것에도 얽매이지 않고 자유롭고 편안하게 살아간다(유유자적)', '운치가 있고 멋스럽게 노닌다(풍류)'와 같은 말을 먼저 떠올릴 수 있을 것이다. 넓은 의미에서 본다면 이러한 증점의 대답도 유가적인 것이라고 할 수 있겠지만, 보는 관점에 따라서는 비유가

---

[4] 무우대(舞雩臺), 기하(沂河), 무우단(舞雩壇), 성현낙취(聖賢樂趣), 기수(沂水).

[5] 여민동락(與民同樂).

적인 분위기도 감지되고 있다. 그런데 더욱 관심이 가는 것은 그의 스승이자 유가의 창시자인 공자가 그의 대답에 '나도 증점과 같은 심정이다!'라는 적극적인 '공감의 뜻'을 표명했다는 점이다.

증점은 『논어』에서 단 한 차례, 앞에서 인용한 대화에만 등장한다. 하지만 그의 독특한 대답은 공자로부터 적극적인 공감을 얻었을 뿐만 아니라 중국에서 특히 송대 이후 여러 유학자들로부터 주목을 받게 된다. 게다가 후대 유가의 인물들로부터 공자의 계승자로 평가받아서 '종성'[6]이라 칭해졌던 정통 유가의 대표적인 인물이자 효의 대명사인 증삼 곧 증자가 그의 아들이라는 점은 더욱 호기심을 불러일으키는 요소이다.

그렇다면 증점에 대한 일차적인 인적 정보는, 그가 공자의 제자이자 증자의 아버지라는 사실이다. 또한 이 글에서는 일반적인 관점에 따라서 이러한 증점의 역사적 실재성을 긍정하는 입장에서 논의를 전개하고 있지만, 흥미롭게도 심지어 증점을 '신화적·가설적 인물'로 해석하는 경우도 있다(김용옥, 『논어한글역주 3』, 300쪽).

이제 이러한 측면들을 종합해 볼 때, 우리에게는 증점이라는 인물의 정체, 특히 그의 사상적 정체성이 어떠한가에 대한 의문이 자연스럽게 떠오른다. 이 글에서 우리는 위의 대화 내

---

[6] 종성(宗聖).

용과 이와 관련된 자료를 바탕으로 이러한 의문을 포함한 몇 가지 문제를 제기하고 거기에 대한 답을 찾아보고자 한다. 그것은 먼저 유학의 역사 속에서 증점의 위상이 어떻게 변화하였는가하는 문제이며, 다음으로는 그의 사상적 좌표가 어디에 자리 잡고 있는가하는 문제이다. 이 문제와 관련하여 우리는 특히 중국 송나라의 주자와 명나라의 왕양명의 관점에 좀 더 비중을 두고 검토해 보고자 한다. 아울러 조선 유학자들이 증점을 어떻게 수용하였는가하는 문제도 살펴보고자 한다. 이것은 한국유학과 중국유학의 상관성이 어떠하였는가 하는 문제와도 연결될 수 있다. 그리고 이러한 과정을 통해서 유학에 내재된 예술정신 및 그러한 정신과 밀접하게 연관된 자유정신의 일단도 드러날 수 있을 것이며, 이러한 측면은 지나쳐 버리기 쉬운 유학의 사상적 생동성을 재확인하는 기회를 제공해 줄 수 있을 것이다.

▌중국 산동성 곡부 시가지 남쪽을 흐르는 기수(기하)

▌중국 산동성 곡부 시내에 있는 무우대 전경

▌무우대의 옛 모습

무우대 위에 있는 석비. '무우단'이라는 글자가 새겨져 있다.

무우대 위에 있는 석비. '성현낙취'라는 글자가 새겨져 있다.

증점에 관한 송대 이전 시기의 기록을 보다

　증점과 직접 관련된 중국 송대 이전의 기록들은 그렇게 많지 않다. 그래서인지 그의 인적 사항에 대해서도 전해진 것이 별로 없다. 그러한 상황 속에서 송대 이전 시기의 중국에서 특히 고대 유가학파 내에서 증점을 어떻게 평가했는가, 그리고 증점의 위상은 어떠했는가를 파악하는 데는 다음과 같은 문헌자료들이 직간접적인 여러 중요한 정보를 제공해 주고 있다.

　① 『논어』에서는 모두 29명의 제자들이 거명되고 있다. 『논어』에서 언급되는 29명의 제자들 대부분은 간략한 평이 몇 번 언급될 뿐이고, 관련 내용이 비교적 풍부하게 전해지는 제자는 안연, 자로, 자공, 염유, 재아 등 몇 사람에 불과하다. 증점은 이들 29명 속에는 포함되어 있으나 『논어』에서 증점이

등장하는 장면은 이 글의 처음에 인용한 대화와 관련된 한 곳 밖에 없다. 이러한 사실에 주목할 때, 공자 사후에 『논어』를 편찬한 그룹은 공자의 제자들 가운데 증점이라는 인물을 그 다지 중요하게 여기지 않은 것으로 보인다.

　『논어』 속에 등장하는 공자의 제자들은 대체로 공자가 55세 때 노나라를 떠나기 이전부터 제자가 된 선배 그룹과 공자가 68세 때 노나라로 돌아온 뒤에 공자를 찾아온 후배 그룹으로 나눌 수 있다. 그런데 『논어』에서 공자의 제자 중에 '자'[1] 곧 선생님이라는 존칭이 붙여진 인물은 그렇게 많지 않다. 선배 그룹에 속하는 공자의 제자로서 염유와 민자건만이 염자와 민자로 불렸고, 후배 그룹에 속하는 공자의 제자 중에는 증삼과 유약만이 증자, 유자라고 불렸다.

　그런데 이와 같이 증점의 아들인 증삼도 증자라는 존칭이 붙여져서 기록되었다는 것은 『논어』 편찬 작업이 이루어질 때 증자 문인 그룹의 영향력이 컸다는 방증으로 볼 수 있다. 사실 증자 문하의 인물 중에는 유교 역사에서 큰 비중을 차지하는 인물이 있다. 예를 들면, 공자의 손자이자 『중용』의 저자로 알려진 자사는 증자로부터 가르침을 받았다. 그리고 맹자는 자사의 문인의 제자 곧 자사의 재전제자라고 전해진다. 그래서인지 『맹자』에서는 모두 22차례나 증자로 거명되었다.

---

[1] 자(子).

이러한 점은 모두 공자 이후 유가 내에서의 증자의 영향력과 지위가 어떠한가를 짐작하게 한다.

▌증점의 초상

이러한 상황을 정리해 본다면, 증점은 공자 이후 유가 내에서 그 영향력이 대단한 증자라는 아들을 두었음에도 불구하고 앞서 말했듯이 『논어』에서는 단 한 차례밖에 언급이 되지 않았다. 다른 문헌에서도 상황은 크게 다르지 않았다. 그런데 달리 생각해 본다면, 어쩌면 증점은 증자라는 아들을 두었기 때문에 『논어』에서 한번이지만 비교적 주목받을 만한 장면에 등장할 수 있었을지도 모른다. 결국 이러한 현상은 공자 이후의 유학자들이 증점을 공자의 제자들 중에서

▌증점의 묘 앞에 있는 비석. 비석에는 '선현증석지묘'라고 새겨져 있다. 1991년 10월에 세워졌다.

주목할 만한 인물로는 평가하지 않았다는 뜻으로 해석할 수 있다.

증점의 묘. 중국 산동성 평읍현의 옛 무성 부근에 아들 증삼의 묘와 함께 있다. 무덤 위에 소나무 몇 그루가 자라고 있다.

증삼의 초상

▌증삼(증자)의 묘. 아버지 증점의 묘와 도로를 사이에 두고 북쪽 편에 있다. 증삼의 묘는 원래 다른 곳에 있었으나 문화대혁명 때 파괴되었고, 비석은 행방을 알 수 없다. 1998년 3월 평읍현 지방정부가 증삼의 묘를 이곳으로 옮겼다.

▌증삼의 묘 앞에 있는 비석. 비석에는 '종성증자지묘'라고 새겨져 있다. 2007년에 새로 세운 것이다.

② 『한비자』「현학」편에 따르면 공자 사후 전국시대의 유가는 '자장의 유가'·'자사의 유가'·'안씨(안회)의 유가'·'맹씨(맹자)의 유가'·'칠조씨(칠조개)의 유가'·'중량씨의 유가'·'손씨(순자)의 유가'·'악정씨(악정극)의 유가'라는 8개의 학파로 갈라졌다. 이 학파 중에서 자사의 유가·맹씨의 유가·악정씨의 유가는 이른바 사맹학파라는 한 계보로 간주할 수 있다. 『사기』「맹순열전」에 따르면 '맹자는 자사의 문인에게 배웠으며', 악정극은 맹자의 제자이기 때문이다.

그런데 중국 현대의 사상가인 궈모뤄(곽말약)은 그의 저서 『십비판서』(『중국고대사상사』)에서 "송나라의 정자와 주자 등은 자사와 맹자가 증자의 전통을 이은 것으로 생각했으나 그 근거는 아주 박약하다"라고 말하면서, 이 사맹학파의 계통이 자유씨의 유가라는 점을 『논어』·『맹자』·『대학』·『중용』·『상서』·『예기』·『순자』 등의 저술을 활용하여 자세하게 논증하였다(궈모뤄, 『중국고대사상사』, 151쪽). 이러한 궈모뤄의 연구는 그 나름대로 의미를 가질 수 있겠으나, 이 문제와 관련해서 그는 『맹자』에 나오는 중요한 부분을 간과하거나 의도적으로 배제한 것 같다. 『맹자』「이루 하」에는 맹자가 '증자와 자사는 도가 같다'라고 말한 것이 나오며, 또한 『맹자』에서 증삼은 증자로 22차례 언급되었으나 자유는 단 두 차례만 언급되었다. 이러한 사실을 종합해서 판단한다면 오히려 사맹학파와 증자와의 특별한 관계를 주장한 정자와 주자의 견해가 더 타당한 것으로 볼 수 있다.

이와 같이 증자를 높이 받드는 맹자도 증자의 아버지인 증점에 대해서는 그만큼 높게 평가를 하지 않았다. 예컨대, 맹자는 공자가 말한 '광자'를 "그 뜻이 높고 말이 커서 입만 열면 '옛 사람이여, 옛 사람이여!'라고 말하지만, 평소에 그 행실을 살펴보면 말과 서로 합치되지 않는 자"라고 비판적으로 설명하면서, 그 대표적인 인물 중 하나로 증점을 거론하였다(『맹자』「진심 하」). 『논어』에 나오는 공자의 분류에 따르면, 진취적인 '광자'는 행하지 않는 것이 있는 곧 나쁜 일 하는 것을 좋지 않게 여기는 선비인 '견자'나 도덕을 해치는 자 곧 세상 사람 모두에게 아첨하는 최악의 존재인 '향원'보다는 윗길이지만, 중도를 행하는 선비인 '중행자'와 비교하면 그 다음 등급이다.[2] 『맹자』에서 증점은 이러한 장면 외에 두 곳에서 더 등장한다.

이전에 증자가 그의 부친 증석(증점)을 봉양하는데, 식사 때마다 반드시 술과 고기를 놓았다. 그리고 상을 물릴 때 남은 것을 누구에게 줄지를 반드시 물었으며, 증점이 아직 남은 것이 있느냐고 물으면 반드시 '있습니다'라고 대답하였다. 증석이 죽고 증자의 아들 증원이 증자를 봉양하는데, 식사 때마다 반드시 술과 고기를 놓았다. 그러

---

[2] 광자(狂者), 견자(狷者), 향원(鄕原), 중행자(中行者).

나 상을 물릴 때 남은 것을 누구에게 줄지를 물어보지 않았고, 증자가 아직 남은 것이 있느냐고 물으면 '없습니다'라고 대답하였으니, 이는 남은 것을 다시 올리고자 함이었다. 이것은 이른바 부모의 입과 배를 봉양하는 것이다. 증자처럼 해야 부모의 뜻에 따라 봉양하였다고 할 수 있다. 부모를 봉양하는 것은 증자처럼 해야 한다.

－『맹자』「이루 상」

증석이 고욤을 좋아했는데, 증자는 이 때문에 차마 고욤을 먹지 못하였다. 공손추가 물었다. "불고기와 고욤 중 어느 것이 더 맛있습니까?" 맹자가 대답하였다. "불고기이다." 공손추가 또 물었다. "그렇다면 증자는 어찌하여 불고기는 드시면서 고욤은 드시지 않았습니까?" 맹자가 대답하였다. "불고기는 모두가 좋아하는 것이요, 고욤은 한 개인이 좋아한 것이다. 비유하자면 부모의 이름은 반드시 피휘하였으나 성은 피휘하지 않았으니, 성은 모두가 똑같이 쓰지만 이름은 한 사람만이 쓰기 때문이다."

－『맹자』「진심 하」

이와 같이 『맹자』의 다른 곳에서는 증자의 지극한 효성을 돋보이게 하는 '조연'으로만 증점이 등장할 따름이다. 그렇다고 증자의 일방적인 효도만 있었던 것은 아니었다. 전국시대 말엽에 만들어진 『여씨춘추』에는 다음과 같은 내용이 들어 있다.

증점이 증삼을 심부름 보냈는데 기일이 지나도 돌아오
지 않았다. 사람들은 모두 증점을 보고 "죽은 것은 아닐
까요?"라고 말했다. 그러자 증점은 "증삼이 죽을 지경에
있더라도 내가 살아 있는데 어찌 감히 죽을 수 있겠습니
까?"라고 말했다.

－『여씨춘추』 권4 「맹하기 · 권학」

이를 통해서 증점 역시도 자신의 아들 증자를 깊이 신뢰하
고 있었음을 알 수 있다.

③ 중국 한나라 때의 한영이 지은, 『시경』과 관련된 참고서
인 『한시외전』에는 다음과 같은 이야기가 실려 있다.

증자가 잘못하자 증석이 지팡이로 후려쳐서 땅에 넘어
지고 말았다. 잠시 후 깨어나서는 "아버님께서는 괜찮으
십니까?"하고 말하였다. 노나라 사람들이 증자를 어질다
고 여겨 이 일을 공자에게 알렸다. 그러자 공자는 문인들
에게 알렸다. "삼이 오는구나. 너는 옛날에 순 임금이 아
들로서 한 일을 듣지 못했느냐? 순 임금은 작은 매는 기
다려 맞았지만 커다란 몽둥이를 들고 때리려 할 때는 도
망쳤다. 일을 시키려 찾을 때는 곁에 없었던 적이 없지만
죽이려고 찾을 때는 찾아낼 수 없게 하였다. 그런데 지금
너는 온몸을 내맡겨 포악한 노기를 기다리고 공손히 서
서 도망가지 않았으니, 너는 이 나라 왕의 백성이 아니

냐? 그 죄를 어떻게 하겠느냐?"

-『한시외전』권8

같은 내용의 이야기가 『한시외전』보다 후대에 나온 『설원』에는 보다 자세한 내용이 기록되어 있다. 『설원』은 중국 고대로부터 한나라에 이르기까지 전해진 여러 이야기들을 모아서 중국 한나라 때의 유향이 찬집한 저술이다.

증자가 오이 밭을 매다가 잘못하여 그 뿌리를 잘랐다. 그러자 증석이 노하여 큰 지팡이로 증자를 후려쳤다. 증자는 땅에 넘어져서 한참 후에야 깨어났는데, 벌떡 일어나자마자 앞으로 나아가서 "방금 제가 아버님께 죄를 지었는데도 아버님께서는 힘써 저를 가르쳐 주셨습니다. 괜찮으시지요?"하고 말했다. 그리고 물러나서 병풍 뒤에서 거문고를 뜯으며 노래를 불렀다. 이는 증석이 그 노래 소리를 듣도록 하여 자신이 평온하다는 것을 알려드리기 위함이었다. 공자가 이 일을 듣고 문인들에게 "증삼이 오거든 들여보내지 말라"고 말하였다. 증자는 자신이 아무 죄도 없다고 여겨 사람을 시켜 공자에게 항의토록 하였다. 그러자 공자는 "너는 고수에게 순이라는 이름을 가진 아들이 있었다는 것을 들었겠지. 그 순 임금이 그의 아버지를 섬길 때, 아버지가 일을 시키려 찾을 때는 곁에 없었던 적이 없지만 찾아서 죽이려고 할 때는 찾아낼 수 없게 하였다. 작은 회초리일 때는 곁에 있었지만, 큰 몽둥

이일 때는 달아나서 아버지의 포악한 노기를 피했다. 그런데 지금 너는 온몸을 내맡겨 포악한 노기를 기다리고 공손히 서서 도망가지 않았으니, 이는 네 몸을 죽여 아버지를 함정에 넣은 것이다. 불의와 불효가 이것보다 큰 일이 있겠는가? 너는 천자의 백성이 아니더냐. 천자의 백성을 죽이게 되면, 그 죄가 어떠하겠느냐?"라고 말했다. 증자의 자질에다 더 나아가 공자의 문하에 있으면서도 죄가 있는 줄 스스로 알지 못하니, 의를 지키기란 참으로 어려운 일이다.

-『설원』 권3 「건본」

설령 자식을 가르치는 나름의 방식이라고 하더라도, 잘못한 아들에게 거침없이 큰 지팡이를 휘두르는 아버지 증점의 행동과 상상을 초월하는 아들 증삼의 대응 방식! 그리고 이러한 증삼의 태도에 대하여 스승인 공자가 보여준 부정적 평가! 먼저 이러한 기록이 남겨졌다는 것만으로도 한나라의 지식인들이 증점의 행동에 대해서 비판적인 입장이라는 것을 알 수 있다. 흥미로운 점은, 그렇다고 한나라의 지식인들이 증점의 아들인 증자를 호의적으로 평가한 것도 아니었다. 왜냐하면 이 예화 속에서 증자는 정확한 상황 판단과 아울러 사고와 행동의 유연성이 부족한 면모를 여실히 보여주었으며, 이에 대해서 공자가 대단히 질책하는 내용이 들어있기 때문이다. 또한 『논어』에 나오는 '증삼은 노둔하다'라는 말에 포함된 부정적인 측면을 여기서 감지할 수 있기 때문이다.

『논어』「선진」에는 4명의 제자에 대한 인물평이 실려 있는데, 비교적 부정적인 어감이 느껴진다. "자고는 어리석고, 증삼은 노둔하고, 자장은 극단적이고, 자로는 거칠다." 여기서 우리가 주목해야 하는 것은 "증삼은 노둔하다"라는 증자에 대한 평이다. 전통적으로 "노는 둔한 것이다"라고 해석되고 있는데, 13종류의 유가 경전에 대한 주석을 담고 있는 <십삼경주소> 속의 『논어주소』에서는 "노는 둔한 것이다"라는 내용과 더불어 "증자의 성품은 지둔하다"라는 내용도 주에 포함되어 있다.[3] '지둔하다'라는 말에서 '지'는 '더디다', '늦다', '때를 놓치다'라는 뜻이며, '둔'은 '둔하다', '무디다'의 뜻이다. 그러므로 글자의 본래 의미를 살려서 다시 풀이한다면 '증자의 성품은 아둔하다'는 것인데, '아둔하다'는 것은 '사람이나 그 생각, 언행이 지혜롭지 못하고 매우 미련하거나 어리석다'라는 것이 그 기본적인 뜻이다.

그런데 13세기 중국 송나라 때의 저명한 유학자인 주희 곧 주자(1130~1200)는 그의 저술인 『논어집주』에서 이 문장과 관련하여 "노는 둔한 것이다"라고 풀이하면서도, 송나라의 선배 유학자들의 말을 인용하여 그 의미를 최대한 긍정적인 것으로 해석하였다.

---

[3] (1) 魯, 鈍也. (2) 曾子性遲鈍.

- "증삼은 결국 노둔했기 때문에 도를 얻은 것이다."

  – 정이천

- "증자의 학문은 성실함과 돈독함일 뿐이다. 성인의 문하에서 배우는 자 중에 총명하고 재기가 넘치는 자들이 적지 않았지만, 끝내 도를 전한 것은 질박하고 노둔한 사람이었다. 그러므로 배움이란 성실을 귀하게 여기는 것이다."

  – 정이천

- "증자의 자질은 노둔하였다. 그러기에 그의 학문은 확고하였다. 이 때문에 그는 도에 깊게 나아갈 수 있었던 것이다."

  – 윤언명

송나라 때의 유학자들은 증자의 노둔함을 성실함과 돈독함이라는 매우 긍정적인 의미로 해석하였다. 그런 한편으로 주자는 증자의 노둔함을 이렇게 마냥 긍정적인 것으로만 평가하는 것이 조금 지나치다고 생각했는지, "이 네 가지는 인간의 성품이 치우쳐있다는 것을 일컬은 말이니, 이를 솔직히 지적함으로써 스스로 힘써 노력하는 것을 알도록 한 것이다"라는 양중립의 말을 주석 속에 포함시켜서 나름대로 균형을 잡으려고 애썼다. 하지만 현실의 역사 속에서 유학에서 나타나는 경직성의 한 연원을 증자의 이러한 노둔함에 내재된 부정적인 측면에서 찾고자 하는 것은 지나친 억측인가? 이 에피소드에서 또 하나 흥미로운 점은 공자의 질책이 천자와 백성이라는 군신 관계를 중심에 두고 이루어졌다는 사실인데, 유학이 한나라에 이르러 국가 이데올로기로 수용된 측면을 이러한 것을 통해서도 확인할 수 있다.

다음으로는 역시 한나라 때 편찬된 『예기』에 나오는 증점과 관련된 예화를 살펴보기로 하자.

> 노나라의 실권자인 대부 계무자가 병으로 들어 누웠다. 노나라 선비인 교고가 상중이어서 상복을 입고 들어가 뵙고는 "이러한 예가 장차 없어지려고 합니다. 선비는 오직 관청에서만 상복을 벗을 뿐입니다"라고 말했다. 그러자 계무자는 "또한 훌륭하지 아니한가? 군자는 잘 알려지지 않은 것을 분명하게 보여주어야 한다"라고 말했다. 계무자가 죽어서 상을 치르게 되었을 때 증점은 그 문에 기대어서 노래를 불렀다.
>
> ―『예기』「단궁 하」

이 예화는 원래 자신은 권력을 휘두르며 신하로서의 예의를 지키지 않으면서도 오히려 예를 거론하는 불의한 권력자를 조롱하는 증점의 태도를 드러낸 것이다. 그런데 이 경우에도 '그 문'을 '계무자의 집에 있는 문'으로 읽게 되면 결국 증점은 꽤 과격하고 무례한 사람으로 비춰질 수도 있다.

이상과 같은 내용의 이야기가 한나라 때에 이루어진 주요한 저술에 기록되었다는 것은 당시의 지식인들이 증점을 어떻게 보았는가하는 것을 간접적으로 짐작할 수 있게 해 준다. 다시 말해서 이와 같은 다소 엽기적인 이야기의 최대 피해자는 결국 증점이 되고 마는 것이다.

④ 중국 한나라 때의 역사가인 사마천이 지은 『사기』「공자세가」에서는 공자의 제자가 약 3,000명에 이르렀고, 그 중 육예에 통달한 자도 72명이나 되는 것으로 기술되어 있다. 육예는 중국 고대 주나라 때의 교육 과목으로 『주례』에 기록되어 있는 예·악·사·어·서·수와 공자가 제시한 육경이라는 두 가지 의미를 포함하고 있다.[4] 『사기』의 경우에는 이 중 어느 것을 뜻하는가를 두고 후대의 견해가 갈리고 있다.

『사기』「중니제자열전」에는 육예에 통달한 제자 77명에 관한 기록이 실려 있다. 그 중에서 35명은 공자에게 가르침을 받고 문답한 것이나 연령이 기록되어 있으며, 그 나머지 42명은 단지 이름 정도만 실려 있다. 그런데 그 중에서 특히 이른바 공자 문하의 '사과십철[5]'이라 하여 덕행에는 안연·민자건·염백우·중궁, 정치에는 염유·자로, 언어에는 재아·자공,

---

[4] 일반적으로 말하면 육예(六藝)는 예(禮, 예절)·악(樂, 음악)·사(射, 활쏘기)·어(御, 수레 몰기)·서(書, 문자 이해)·수(數, 셈법)이며, 육경(六經)은 『시(詩)』·『서(書)』·『예(禮)』·『악(樂)』·『역(易)』·『춘추(春秋)』이다.

[5] 사과십철(四科十哲)은 공자의 제자 중 덕행, 정치, 언어, 학문 분야에서 특히 뛰어난 제자 10명을 가리키는 말이다.

학문에는 자유·자하가 특별히 뛰어나다고 거명되었다. 또한 자장은 극단적이고 증삼은 노둔하며, 고시는 어리석고 자로는 거칠며, 안연은 매우 가난했고 자공은 천명을 받지 않고 재물을 불렸지만 시세 파악에 능하였다고 『사기』「중니제자열전」 첫 머리에 기록되어 있다. 증점은 『논어』에 나오는 스승인 공자와의 대화 내용이 『사기』에 기록되면서 35명 중에 속하는 제자가 되었다. 이제 이러한 『사기』의 기록을 근거로 판단한다면, 증점은 공자의 제자 중 한 사람이기는 하지만 가장 중요하게 거론될 수 있는 대표적인 제자군으로는 간주되지 않은 것으로 보인다. 그래서인지 『사기』「중니제자열전」에 실린 증점에 대한 기록은 그 아들인 증자보다 더 뒤쪽에 위치하고 있다.

그런데 전국시대 이래로 『맹자』, 『여씨춘추』, 『한비자』, 『회남자』 등 여러 문헌에서는 공자의 대표적인 제자들이 70이라는 정수로 기록되어 있다. 아마도 큰 수로 간결하게 나타내고자 했기 때문일 것이다.

⑤ 중국의 삼국시대에 위나라의 왕숙이라는 학자가 편찬한 『공자가어』라는 책 속에도 증점과 관련된 내용이 들어 있다. 특히 위의 ③에서 『한시외전』과 『설원』에 나오는 예화가 여기에 가장 자세하게 기록되어 있다.

증자가 참외 밭을 매다가 실수하여 참외 뿌리를 잘라 버렸다. 아버지 증석이 노여워하여 큰 막대기를 들고 증자의 등을 내리쳤다. 증자는 땅에 엎어져 한참 동안 사람을 알아보지 못했다. 한참 뒤 정신이 들자 도리어 즐거운 표정을 지으며 일어나 증석에게 다가가 이렇게 말하는 것이었다. "방금 제가 아버님께 죄를 졌을 때 아버님께서는 너무 힘을 들여 저를 훈계하셨습니다. 혹 병환이나 나시지 않았는지요?" 그리고는 물러나 자기 방으로 들어가 거문고를 타면서 노래했는데, 아버지 증석으로 하여금 거문고 소리를 듣고 자신의 몸이 아무렇지도 않음을 알도록 하기 위함이었다. 공자가 이를 듣고 노여워하여 문하 제자들에게 말하였다. "증삼이 오거든 받아들이지 말아라." 증삼은 스스로 죄가 없다고 생각하고 사람을 시켜 공자께 뵙기를 청하였다. 공자가 말하였다. "너희들은 듣지 못하였느냐? 옛날 고수의 아들로 순이 있었다. 순 임금은 그 아버지 고수를 섬길 때 고수가 심부름을 시키고자 할 때면 그 곁에 있지 않은 적이 없었으나, 순을 찾아 죽이려 할 때에는 한 번도 찾을 수가 없었다. 작은 회초리의 매는 그대로 맞았지만 큰 지팡이로 때리고자 할 때면 도망쳐 버렸다. 그렇게 함으로써 고수는 그토록 악하였지만 아버지가 되지 못하는 죄까지는 범하지 않게 되었고, 순도 지극한 효를 잃지 않을 수 있었던 것이다. 지금 증삼은 그 아버지를 섬기면서 마음대로 노기를 드러낼 수 있도록 자신의 몸을 내맡겨 두어 죽음에 이르도록 피하지 않았으니, 이윽고 그 몸이 죽어 아버지를 불의의 늪에 빠트렸다면 이는 그 불효함이 얼마나 큰 것이겠느냐? 너희들은 천자의 백성이 아니냐? 천자의 백성을 죽이게 되면 그 죄가 어떠한지 아느냐?" 증삼이 이 이야기를 듣고 나서 말하였다. "나의 죄가 크구나!" 그리고 드디어 공자를 찾아가 사과를 드렸다.

－『공자가어』 권4 「육본」

이 기록을 『한시외전』 및 『설원』에 나오는 것과 비교해 봤을 때 가장 차이가 나는 것은 증자가 자신의 잘못을 깨달았다는 내용이 들어 있다는 점이다. 그렇기 때문에 증자의 태도에 대한 평가는 앞선 시대의 기록들보다는 개선되었다고 볼 수 있다. 그 반면에 이 사건에서 아버지 증점의 행위에 대한 평가는 여전히 제자리에 머물러 있을 수밖에 없다. 그런데 증점은 『공자가어』의 다른 부분에서 매우 긍정적인 인물로 묘사되었다.

증점은 증삼의 아버지이니, 자는 자석이다. 당시에 예교가 행해지지 않는 것을 근심하여 이를 닦고자 하니, 공자가 그것을 훌륭하게 여겼다. 『논어』의 이른바 '기수에서 목욕하고 무우대 아래에서 바람을 쐬다'라 한 것이 이것이다.

－『공자가어』 권9 「칠십이제자해」

이와 같은 증점에 대한 호의적인 평가는 역시 『논어』에 나오는 내용과 관련되어 있다. 그런데 여기서 증점을 '예교' 곧 '예'와 연계시켰다는 것은 흥미로운 점이다. 이것은 ③의 『예기』에 나오는 내용과 적어도 표면적으로는 충돌이 된다. 그러나 예 역시도 우리가 보다 인간답게 살기 위한 장치라는 거시적인 관점에서 본다면, 『예기』에 나오는 에피소드의 부정적인 측면은 가능하면 축소해서, 그리고 그 긍정적인 측면은 확대해서 읽어나가는 '정치적' 독법이 요청된다.

이제 이상의 내용을 토대로 해서 증점이라는 인물에 대하여 한번 중간 정리해 보자. 그렇다면 먼저 증점이 결과적으로 그다지 높게 평가받지 못한 까닭은 무엇일까? 그와 관련해서 상식적인 선에서 먼저 거론할 수 있는 것은 증점의 역량이나 업적이 별로 두드러지지 않았다고 보는 것이다. 그리고 ③의 예화에 근거해서 말한다면, 증점이라는 인물은 아주 과격하고 괴팍한 성격의 소유자라는 점에서 이른바 '군자'다운 면모를 제대로 보여주고 있지 못한 것도 문제가 될 만하다. 그러나 증점이 공자의 감탄과 공감을 이끌어 낸 대답을 한 인물이라는 점을 고려한다면 그러한 단순한 분석에서 멈출 수는 없다. 그렇기 때문에 다른 이유를 찾아 볼 필요가 있다. 그것은 다름 아닌 사상적인 측면과 관련된 것이다.

『논어』 속의 관련 대화를 표현 그대로 받아들인다면, 증점은 그 아들 증삼과 함께 공자의 제자이지만, 더구나 공자의 초기 제자이지만 공자의 직계 제자들의 주류적인 사상적 경향과 궤도를 달리하고 있는 것으로 보인다. 공자의 다른 제자들, 특히 초기부터 함께 한 제자들은 현실에 대한 적극적인 참여를 추구하고 있다. 공자의 수제자라고 평가받는 안연의 경우를 보더라도 수양과 안빈낙도를 추구하고 있지만 다른 한편으로는 여전히 정치나 국가 경영에 대한 관심을 놓지 않았다. 비교적 중용적 입장을 보여주는 안연을 기준으로 하더라도 증점의 입장은 이른바 '공문의 주류'와는 다른 쪽에 기울어져 있었으며, 오직 스승인 공자를 제외한다면 별다른 지지를 받지 못한 것으로 보인다. 곧 그는 '공문의 아웃사이더'라고 말할 수 있다. 운치 있게 표현한다면, 공자 문하의 그 어떤 제자보다 예술적인 감각과 거리낌 없는 성격의 소유자인 증점은 초기 유가의 대표적인 낭만주의자 또는 자유주의자로 볼 수 있다. 그러한 증점을 맹자는 공문의 '광자'로 표현하였다.

그렇다면 그러한 상황에 놓인 증점이 자신의 사상적 경향을 공유하고 전파할 수 있는 최선의 그리고 유일한 길은 자신의 자식을 통하여 전하는 것이다. 그러나 그의 아들인 증삼 곧 증자조차도 그와 사상적 노선에서는 차이를 보여주고 있다. 증삼의 사상적 좌표는 유가 내에서도 가장 보수적인 입장에 가깝다고 볼 수 있다. 효라는 개념으로 대표되는 그의 사상이 후대 통치세력에 의해서 끊임없이 기존 질서의 유지와 강화를 위해서 활용되었다는 점을 떠올리면 이해가 될 것이다. 그렇기 때문에 증점의 사상적 기풍은 후대에 제대로 전수되지도 못하고 평가되지도 못한 것으로 보인다. 이와 같이 사상적 대립각이 느껴지는 증점과 증삼의 관계와는 대조적으로 증삼의 아들인 증원(증서)와 증신(증화)는 증삼의 문인으로 기록되어 있다.

그리고 이러한 증삼이 후대에 알려진 것처럼 천하의 효자로 떠받들려지기 위해서는 증삼에 대한 일정한 존숭화 작업이 필요했을 것이며, 이러한 작업이 진행되면 될수록 그의 아버지인 증점은 오히려 더욱 더 비정상적인 인물로 묘사될 수밖에 없었을 것이다. 아마도 증점에 대한 정당한 평가가 이루어지지 못한 한 원인을 이와 관련해서도 찾을 수 있을 것이다. 그런데 이와 같이 한 인물이 효자로 받들려지기 위해서는 순 임금과 그의 아버지와의 관계처럼 '문제 부모'가 조연으로 등장하는 일이 반드시 있어야만 하는 것인가?

그렇다고 증점이 아들인 증자(증삼)의 덕을 전혀 보지 못한 것은 아니다. 증점은 당 개원 27년(739년)에 안자(안회)의 아버지인 안무요와 함께 공자를 제사지내는 사당인 공묘에 종사되었다. 물론 두 사람도 공자의 제자이기는 하지만, 공묘에 종사된 결정적인 사유는 바로 '안자'와 '증자'의 아버지이기 때문이었다. 그러다 명나라 때인 1530년에는 따로 지어진 사당인 계성사에 다른 저명한 유학자들의 부친과 함께 배향되었다. 이때에는 공자의 아버지 숙량흘을 주향으로 삼아, 안회의 아버지 안무요, 증삼의 아버지 증점, 공급(자사)의 아버지 공리, 맹가(맹자)의 아버지 맹손격을 배향하고, 송대의 정호·정이(이정)의 아버지 정향, 주희(주자)의 아버지 주송, 채침의 아버지 채원정을 종사하였다. 그리고 1595년에는 주돈이의 아버지 주보성을 추가로 종사하였다. 이 계성사가 청나라 때인 1723년에는 숭성사로 이름이 바뀌었다.[6] 우리나라에는 조선조 숙종 27년(1701년)에 성균관 문묘에 계성사라는 명칭으로 처음 세워졌다. 여기에는 유교의 다섯 성인(공자, 안자, 증자, 자사, 맹자[7]의 아버지의 위패만을 모신 점이 중국과의 차이점이다. 그런데 이때의 계성사의 준공과 관련된 기사가 『조선왕조실록』에 기록되어 있다.

계성사가 준공되었다. 제국공 숙량흘을 주향의 위치에 곡부후 안무요와 사수후 공리를 동쪽에 배향하고, 내무후 증점과 주국공 맹손씨를 서쪽에 배향하였다. 처음에는 안무요·증점·공리를 문묘에 배향하다가, 얼마 전에 날짜를 잡아서 사유를 고한 뒤 위패를 옮겨서 별당에 안치시

---

[6] 계성사(啓聖祠), 숭성사(崇聖祠).

[7] 문묘(文廟)의 대성전(大成殿) 안의 정면 앞쪽 한복판에는 이 다섯 성인(五聖)의 위패(位牌)가 모셔져 있다. 중앙에 성인(聖人) 공자(孔子)의 위패가 있고, 그 앞쪽의 동편에는 복성공(復聖公) 안자(顔子), 서편에는 종성공(宗聖公) 증자(曾子), 그 다음 앞쪽의 동편에는 술성공(述聖公) 자사자(子思子), 서편에는 아성공(亞聖公) 맹자(孟子)의 위패가 모셔져 있다.

키고 위판을 고쳐 써 놓았는데, 이날에 와서 새로 지은 사당에 안치하였다.

–『숙종실록』 권35, 숙종 27년(1701년) 4월 23일 3번째 기사

'내무후' 증점처럼 인물의 이름 앞에 붙여진 것은 송나라 때 추봉된 명칭이다.

그런데 한편으로는 증점과 증자의 사상적 연계성을 주장하는 입장도 있다. 어떤 일본 학자의 주장에 따르면, 충서를 공자의 핵심사상으로 이해한 증자학파가 확실히 끝까지 이상을 추구하려는 의욕이 있었으며, 그것은 집약적인 효과를 거두었다는 것이다. 또한 이러한 증자학파는 증자의 아버지인 증점에 의탁하면서 세속적인 정치와 의례에 집착하는 것을 부정하고 학원에서의 붕우 공동체를 시적으로 노래했는데, 그것은 명백히 공자−증점−증자에 이르는 학통을 정통화하려는 시도인 것으로 해석할 수 있다는 것이다(카나야 오사무 외, 『중국사상사』, 50쪽).

그런데 공자 사후 전국시대에 유가 내에서 강력한 영향력을 행사한 증자의 문인들이 조금만 더 증점에게 관심을 기울였다면 증점의 이름은 『논어』에서 더 많이 거론될 수도 있었을 것이며, 이에 따라 그 후로 증점에 대한 평가는 사뭇 달라졌을지도 모른다. 결과적으로 증자의 문인들이 그렇게 하지 않았다는 것은 곧 증점과 증자의 사상적 친화성을 증자의 문

■ 제주향교의 계성사 전경. 현재 우리나라에서 원형이 남아 있는 곳은 전주향교와 제주향교뿐이다

인들이 별로 인정하지 않았다는 증거가 된다. 이렇게 증점이 보여준 기풍과 경향이 공자 이후에 유가 내에서 별다른 지지를 얻지 못했다는 것은 결국 공자 이후 유가학파의 사상적 경직성이, 노자와 만나고 은자와도 대화하려고 노력함으로써 사상적 개방성과 포용력을 일정 부분 보여준 공자가 생존한 당시와는 비교할 수 없을 정도로 심화된 상황을 반영한 것으로 보인다. 그리고 이러한 경직 상태는 송대에 이르러서 일정 부분 풀린 것으로 볼 수 있다.

이와 관련해서는 송대부터 본격적으로 발전하기 시작한 신유학이 불교와 도교(도가)로부터 사상적 자양분을 공급받았다는 점을 상기할 필요가 있다. 그런 한편으로 신유학에서 나타나는 이단에 대한 엄격한 분별과 비판은 그러한 신유학의 근본적인 태생적 한계를 극복하고 자신의 사상적 정체성을 확보하려는 몸부림으로 해석할 수 있을 것이다. 다시 말해서 외면적으로 보이는 것과는 달리 그 내면적 측면에서는 상호간에 '사상적 화해'가 일정 부분 이루어진 것으로 볼 수 있다는 의미이다. 이러한 측면을 증점과 관련해서 말한다면, 송대에 이르러서 증점에 대한 관심과 해석 및 평가가 새롭게 전개될 수 있는 토양이 마련되었다는 뜻으로 읽을 수 있다. 여기에 가장 앞장선 인물이 바로 맹자 이후 최고의 유학자로 일컬어지는 중국 남송 때의 주자 곧 주희이다.

송명의 유학자들, 증점을 말하다

중국의 송대에 들어서면서부터 증점은 본격적으로 주목받기 시작하였다. 이러한 증점에 대한 관심의 고조는 당 이후 특히 송대에 들어서면서 그 아들인 증삼 곧 증자에 대한 추존 열기가 고조된 것과 일정 부분 상관관계가 있는 것으로 보인다. 증자는 당 이후로 인기가 높아졌고, 송 이후로는 더욱 높이 추존되어 그 지위도 높아졌다. 그런데 송나라 유학자들은 공자 문하의 제자 70명에 대해서는 그다지 논하지 않고 오직 증자 한 사람만을 부각시켰다(리링, 『논어, 세 번 찢다』, 166쪽). 이러한 이유로는 증자만이 남긴 저술이 있었기 때문이라는 분석이 설득력을 가진다. 증자는 일반적으로 『대학』과 『효경』의 저자로 알려져 있다. 그런데 증점이 주목 받기 시작할 때 문제가 되는 것은 바로 증점을 어떻게 평가할 것인가하는 문제이다. 특히 증점의 사상을 유가적인 것으로 볼 것인가 아니면 비유가적인 것으로 볼 것인가하는 문제가 등장한다. 이 문제는 다시 증점을 긍정적으로 보느냐 아니면 부정적으로 보느냐하는 문제와도 결부되어 있다. 또한 유가적으로 본다고 할 경우라도 개인의 수양, 사회적 실천과 관련하여 증점을 어떻게 해석할 것인가도 주요한 문제가 된다.

그렇다면 주자보다 앞서 활동한 북송대의 주요한 유학자들 중에서 증점에 대하여 긍정적으로 평가한 인물들은 누구인가? 먼저 주자에게 사상적으로 큰 영향을 끼친 이정 형제, 곧 정호와 정이 형제를 지목할 수 있다. 그중에서도 특히 정호가 그러했으며, 그 제자인 사량좌 역시 긍정적으로 평가하였다. 대체로 불교나 도교(도가)에 비교적 열린 마음을 가진 이들이 증점을 긍정적으로 평가하는 경우가 많은 것으로 보인다. 이후 남송 때에는 주자와 함께 '성리학의 바이블'이라 말할 수 있는『근사록』을 편찬한 여조겸도 증점에 대해서 언급하였다. 또한 같은 남송시대의 육구연 곧 육상산의 경우에도 증점에 대하여 나름대로의 입장에서 관심을 표명하였다. 그런데, 명대에 사상적 정체성을 명확하게 드러낸 양명학의 선구자인 육상산과 사상적 라이벌 관계인 주자는 '경전과 현실에 대한 착실한 공부'를 등한시하고 자신의 의도에 따라 경전조차 발췌해서 이해하는 육상산 계열의 공부 방식을 비판하는 한 예로, 육상산 계열이『논어』에서는 안연·증점 관련 부분만을 되풀이해서 언급하는 일을 지적하기도 하였다.

이제 본 장에서는 '한 마디 대답'으로 송대 이후 중국 유학자들의 주목을 받은 증점에 대하여 송명유학을 대표하는 주자와 왕양명의 평가를 중심으로 해서 증점의 사상과 관련된 여러 측면을 검토해 보고자 한다. 이러한 작업은 단순히 증점 개인의 사상적 좌표를 밝히는 것에서 끝나는 것이 아니라 유가의 사상적 영역의 넓이와 타 사상과의 관계를 탐구하는 작업도 될 것이며, 결과적으로 공자 이후 유가의 사상적 변화를 드러내는 일도 될 것이다. 바꾸어 말하면, 어떤 방식의 해석을 통해서 공자의 정통 유학을 계승·발전시키려 했고, 또한 어떤 방식으로 비유가적 측면에 대한 새로운 인식을 통해서 유학의 영역을 확대하는 한편으로 사상적 전선을 명확하게 확립하려고 했는가하는 문제를 살펴보는 기회가 될 것이다.

주자, 증점을 말하다

중국유학사 나아가서 중국사상사 전체를 살펴볼 때 남송 때의 주희(1130~1200) 곧 주자만큼 증점에 대한 관심이 큰 인물은 찾아보기 어렵다. 주자야말로 증점을 다시 부활시켰다고 말해도 지나친 표현이 아니다. 이러한 증점에 대한 주자의 관심이 어떠했는가를 파악하기 위해서는 주자의 저술 중에서 『논어집주』뿐만 아니라 주자와 그 제자들과의 문답을 담고 있는 『주자어류』의 기록과 그의 문집인 『주자대전』에 수록된 여러 편지글에 주목할 필요가 있다.

『논어집주』에서 증점과 관련된 「선진」편의 해당 주석은 여러 차례 개정된 것으로 보인다. 이러한 사실은 증점에 대한 주자의 관심이 매우 크다는 점을 시사해 주는 주요한 증거로 볼 수 있다. 주자는 68세(1197) 때에도 "『집주』에는 참으로 문제가 되는 말이 있어서 중간에 일찍이 개정했는데, 역시 아직도 뜻이 명쾌하지 않았다. 이제 다시 몇 구절을 고치니 좀 문제가 없어진 듯해서 한번 써 보았다"라는 내용의 답신을 남겼다(『주자대전』 권51 「답만정순(3)」). 다음 도식의 왼쪽편의 밑줄 친 부분이 이때에 개정된 부분이다. 비교해 볼 수 있도록 『논어집주』에 실린 해당 부분의 최종 주석도 나란히 수록하였다.

『논어집주』 1197년 개정 내용	『논어집주』 최종 수록 내용
曾點之學, 蓋有以見夫人欲盡處, 天理渾然, 日用之間隨處發現, 故其動靜之際從容如此. 而其言志, 則又不過卽其所居之位, 適其所履之常, 而天下之樂無以加焉. 用之而行, 則雖堯舜事業亦不外此, 不待更有所爲也. 但夷考其行, 或不掩焉, 故不免爲狂士. 然其視三子者規規於事爲之末, 則不可同年而語矣, 所以夫子歎息而深許之. 一『朱子大全』卷51「答萬正淳(3)」	曾點之學, 蓋有以見夫人欲盡處, 天理流行, 隨處充滿, 無少欠闕. 故其動靜之際從容如此 而其言志, 則又不過卽其所居之位, 樂其日用之常, 初無舍己爲人之意. 而其胸次悠然, 直與天地萬物上下同流. 各得其所之妙, 隱然自見於言外. 視三子之規規於事爲之末者, 其氣象不侔矣, 故夫子歎息而深許之. 而門人記其本末獨加詳焉, 蓋亦有以識此矣. 一『論語集註』「先進」第25章 註釋

그러나 도식에서 보듯이 1197년의 개정도 최후의 정본은 아니다. 주자는 1199년(70세) 겨울에 쓴 한 통의 편지 속에서 최후의 개정과 관련하여 다음과 같이 기술하였다.

　　증점에 관한 단락은 『논어집주』 중에서 인용한 여러 선생들의 말씀으로 이미 매우 상세하게 밝혀졌다. 대체로 증점이 헤아려 본 것으로 말한다면, 근원에서부터 흘러나 오고 뿌리로부터 말미암아 가지를 제어하였으니, 요순사 업을 해나가는데 어떤 어려움이 있겠는가?

— 『주자대전』 권45 「답요자회(16)」

이러한 『논어집주』의 최후의 개정을 통해서 주자가 드러내 고자 한 뜻은, 유가의 최고 경지에 도달하면 완전한 도체를 터득하게 되고, 이에 따라 필연적으로 근본적인 변화를 통하 여 보다 나은 사회를 만드는 위대한 업적을 완성할 수 있다는 것이다. 이제 이러한 측면을 좀 더 명확히 밝히기 위해서 여 기서는 『논어집주』에 나오는 해당 부분의 최종적인 주석을 검토해 보기로 하자. 자신의 생애 거의 마지막 때까지 관심을 기울인 『논어집주』의 주석에서 주자는 증점의 사상 세계를 다음과 같이 묘사하였다.

　　증점의 학문은 대체로 사람의 잘못된 욕심인 인욕이 다한 곳에 하늘의 올바른 이치인 천리가 유행하여, 처한

곳에 따라 충만하여 조금도 모자라거나 빠진 것이 없음
을 볼 수 있다. 그러므로 움직이거나 고요히 있을 때에
차분하고 자연스러운 것이 이와 같았으며, 그 뜻을 말한
것은 현재 자기가 처한 위치에서 그 일상생활을 즐기는
것이었을 뿐 처음부터 자신을 버리고서 남을 위하려는
뜻은 없었다. 그리하여 그 가슴 속이 한가롭고 자연스러
워 곧바로 천지만물과 더불어 위 아래로 함께 흘러 각각
제 위치를 얻은 그 오묘함이 은근히 말 밖에 나타났으니,
저 세 사람이 지엽적인 정치적 과업에 급급한 것에 비하
면 그 기상이 같지 않은 것이다. 그러므로 공자께서 감탄
하시고 깊이 동의하신 것이며, 문인도 그 전말을 특히 더
욱 자세히 기록하였으니, 역시 거기에 대해서 아는 것이
있었던 것이다.

-『논어집주』「선진」제25장 주석

증점에 대한 주자의 기본적인 평가는 '증점의 학문은 대체
로 사람의 잘못된 욕심인 인욕이 다한 곳에 하늘의 올바른 이
치인 천리가 유행하여, 처한 곳에 따라 충만하여 조금도 모자
라거나 빠진 것이 없음을 볼 수 있다'라는 한 문장에서 명확
하게 드러나고 있다. 그런데 이와 관련된 주자의 저술 작업은
기본적으로 증점에 대한 종래의 평가들을 집대성하여 종합적
인 평가를 시도하는 비교적 신중한 방식이었다. 그렇기 때문
에 증점에 대한 정명도의 세 가지 논평을 자신의 주석 속에

인용함으로써, 그러한 자신의 관점이 독단적인 것이 아니라는 점을 분명하게 밝혔다.

(명도 선생은) 또한 "공자께서 '증점과 함께 하리라'고 하신 것은 성인의 뜻과 같기 때문이니, 그것은 바로 요순의 기상이다. (다른 제자) 세 사람이 갖고 있는 뜻과는 참으로 다르다. 다만 실천이 그 말대로 이루어지지 못하는 점이 있으니, 그것이 바로 이른바 '광'이라는 것이다. 자로 등 세 사람의 소견은 확실히 작았다. 자로는 다만 나라를 예로써 다스리는 것이 도리임을 깨닫지 못했다. 이 때문에 공자께서 웃으신 것이니, 만약 그것을 깨달았다면 그것도 바로 그러한 (요순의) 기상인 것이다"라고 말씀하셨다(『정씨유서』 권12). 또 (명도 선생은) "세 사람은 모두 나라를 얻어서 다스리고자 했다. 그러므로 공자께서 취하지 않으신 것이다. 증점은 '광자'이니, 반드시 성인의 일을 하지는 못하더라도 공자의 뜻을 알 수는 있었다. 그러므로 '기수에서 목욕하고 무우에서 바람 쐬고 노래하면서 돌아오겠습니다'라고 말한 것이니, 즐겁게 자신이 있을 곳을 얻었음을 말한 것이다. 공자의 뜻은 노인을 편안하게 해주고 붕우 간에 미덥게 해주며, 어린이를 감싸주어, 만물이 그 본성을 다 이루지 않음이 없도록 하는 것이었는데, 증점이 그것을 안 것이다. 그러므로 공자께서 크게 감탄하시며 '나는 증점과 함께 하리라'하고 말씀하신 것이다"라고 말씀하셨다(『정씨외서』 권3). 또 (명도 선

생은) "증점과 칠조개는 이미 큰 뜻을 보았다"라고 말씀
하셨다(『정씨유서』 권6).

-『논어집주』「선진」 제25장 주석

이정 형제 중 형인 정명도(정호)는 "다만 실천이 그 말대로
이루어지지 못하는 점이 있으니, 그것이 바로 이른바 '광'이
라는 것이다"라고 기본적으로 맹자가 규정한 정의에 의거하
여 증점의 한계를 지적하였고, 동생인 정이천(정이)는 "증점은
광자인데, 반드시 성인의 일을 할 수 있는 것은 아니다"라고
일부 부정적으로 평가하기도 하였다(『정씨외서』 권3). 그런 한편
으로 정명도와 정이천 형제는 증점이 스승인 공자의 마음을
헤아려서 성인의 뜻이 어떠한가를 드러낸 점은 긍정적으로
평가해 줄 만한 것으로 보았다.

이제 이와 같은 『논어집주』의 주석 속에서 증점의 사상적
특징과 인간적 개성을 나타내는 대표적인 표현을 다시 정리
하면 다음과 같다.

- 인욕이 다한 곳에 천리가 유행한다.
- 그 뜻을 말한 것은 현재 자기가 처한 위치에서 그
  일상생활을 즐기는 것이었을 뿐 처음부터 자신을 버
  리고서 남을 위하려는 뜻은 없었다.
- 그 가슴 속이 한가롭고 자연스러워 곧바로 천지만물
  과 더불어 위 아래로 함께 흐른다.

- 공자께서 증점과 함께 하리라고 하신 것은 성인의 뜻과 같기 때문이니, 그것은 바로 요순의 기상이다.
- 다만 실천이 그 말대로 이루어지지 못하는 점이 있으니, 그것이 바로 이른바 '광'이라는 것이다.
- 증점은 '광자'이니, 반드시 성인의 일을 하지는 못하더라도 공자의 뜻을 알 수는 있었다.
- 이미 큰 뜻을 보았다.

그런데 이러한 표현은, 『주자어류』 속에 등장하는 '증점지락', '증점기상', '쇄락', '봉황상우천인저기상' 등의 표현[1]과 함께 나중에 중국 유학자들뿐만 아니라 조선 유학자들이 증점과 관련된 글을 지을 때 많이 활용된 것이기도 하다. 이러한 표현의 의미를 요약하면, 증점은 공자의 뜻을 정확히 인식하고는 있었으나 그 실천이 뒷받침되지 못한 경우이며, 공자가 공감한 까닭도 바로 그 정확한 인식 때문이라는 것이 주자의 해석이다. 이러한 주자의 관점을 좀 더 분석해 보면 두 측면으로 나누어 볼 수 있다. 그것은 증점에 대한 긍정적 평가와 부정적 평가이다. 그런데 부정적 평가를 대표하는 표현은 바로 '광'[2]이다. 요컨대 '광'은 행동이 말을 따라가지 못하는

---

[1] 증점지락(曾點之樂, 증점의 즐거움), 증점기상(曾點氣象, 증점의 기상), 쇄락(灑落, 인품이 깨끗하고 속기가 없는 모습), 봉황상우천인저기상(鳳凰翔于千仞底氣象, 봉황이 천길 높은 곳으로 날아오르는 기상 * '鳳翔千仞').

[2] 자전(字典)을 찾아보면 '광(狂)'의 일반적인 뜻은 '미치다'이지만, 그것 이외에 '뜻이 커서 상규

측면을 지적한 것이며, 그것에는 일탈적 측면이 내포되어 있기도 하다. 그런데 긍정적 평가는 '광'과 관련된 부정적 측면을 제외한 다른 많은 부분에서 확인할 수 있다. 그렇다고 주자가 일방적으로 그러한 긍정적 평가에 기울어지지는 않았다. 그렇기 때문에 주자는 송대에 비교적 영향이 컸던 강서학파(육구연학파)에서 '증점의 기상'만을 말하기 좋아하고 '경'[3]을 위주로 하는 엄숙한 자기단속적 공부를 하찮게 여긴 것에 대해 매우 불만스럽게 생각했다(천라이, 『양명철학』, 439쪽). 이러한 주자의 해석과 평가는 이후 주자학자들의 증점에 대한 기본 인식으로 자리 잡게 된다.

이제 이러한 내용을 다시 정리해 본다면, 주자의 주석 속에서 우리는 증점의 사상을 유가적 측면으로 해석할 수 있는 실마리와 비유가적 측면으로 해석할 수 있는 실마리를 함께 찾아 볼 수 있다. 유가적 측면과 관련되는 대표적인 실마리는 '요순기상', '천리유행', '공자여점', '낙' 등이며,[4] 비유가적 측면과 연결되는 실마리는 '광' 혹은 '광자'라는 표현이다. 이와 같이 주자는 『논어집주』에서 증점이 도달한 경지와 그가 보여준 기상에 대하여 높이 평가하는 한편으로, '광' 또는 '광자'

(常規)를 벗어난 일을 하다', '경솔하고 조급하다', '기세가 맹렬하다' 등도 있다.

[3] 경(敬).

[4] 요순기상(堯舜氣象, 요임금과 순임금의 기상), 천리유행(天理流行), 공자여점(孔子與點, 공자는 증점과 함께 하고자 함), 낙(樂).

라는 표현에 내포된 문제점도 명확하게 지적하였다. 그렇다면 이제부터 이러한 측면을 좀 더 자세하게 살펴보도록 하자.

1) 주자, 증점의 유가적 측면을 말하다

증점이 공자의 진정한 제자로 다시 말해서 유가의 인물로 명실상부하게 인정받기 위해서는 다른 무엇보다도 사상적 정체성이라는 측면에서 유가의 자리를 든든히 확보할 필요가 있다. 이와 관련하여 주자의 해석을 바탕으로 증점의 사상적 좌표를 유가로 설정할 수 있는 근거를 다음과 같이 네 가지로 정리할 수 있다. 첫째, 증점의 기상은 요순의 기상과 관련되어 있다. 둘째, 공자는 증점의 뜻에 공감했다. 셋째, 증점의 즐거움, 그 뜻을 살펴보다. 넷째, 공자 문하에서의 증점의 위상을 재평가하다. 이제 아래에서는 이상의 네 가지 사항과 관련된 주자의 변론을 들어보기로 하자.

(1) 증점의 기상은 요순의 기상과 관련되어 있다

그렇다면 요순의 기상이란 무엇을 말하는 것인가? 요순의 기상이란 다른 무엇보다 천하에 대한 특별한 책임의식과 관련이 있다. 그것은 사서 중 하나인 『대학』의 '평천하' 곧 천하의 평화를 실현하려는 기상이자 『장자』 「천하」편의 '내성외왕' 곧 안으로는 성인의 덕을 갖추고 밖으로는 진정한 왕의 길을 추구하는 기상이며, 오경에 속하는 『예기』 「예운」편에 나오는 '대동'[5]의 정신을 현실에서 구현하려는 기상이다. 북송시대 장재의 표현을 빌린다면 "사람들은 모두 나의 동포이고 만물은 모두 나와 함께 한다"는 정신이다(『서명』). 이러한 기상과 정신이 구현될 때 온 천하가 사사로운 이익의 굴레에서 벗어나서 공공의 이익을 추구하는 '천하위공'[6]의 사회가 이루어질 수 있다. 이러한 천하위공의 사회 곧 대동사회는 『논어』의 표현을 따른다면 "백성에게 널리 은덕을 베풀어 대중을 구제하고", "자신을 수양하여 다른 사람을 편안하게 해 주며", "늙은이는 편안하게 해 드리고, 벗은 미덥게 대하고, 젊은이는 사랑으로 품어주는" 사회이다. 주자는 정명도의 견해를 받아들여 증점이 바로 이러한 기상이 있다고 보았다.

> 증점이 본 것과 같은 것은 곧 커다란 근본이다. 이것을 밀고 나가 실천하게 되면 장차 하지 못하는 일이 없게 되니, 비록 요순이 천하를 다스리는 일처럼 큰 힘을 들여야 하는 일이라도 또한 해낼 수 있다. 대체로 그 뜻한 바를 말한 것이 커서 헤아릴 수 없다.
>
> ―『주자어류』 권40

사실 증점의 말 속에서 직접적으로 사회에 대한 관심을 드러낸 것은 한 마디도 없지만 주자는 증점의 말을 사회적 실천

---

5 대동(大同).

6 '천하는 모든 사람이 함께 한다'는 것이 천하위공(天下爲公)의 뜻이다.

의 뜻이 당연히 내포된 유가의 가장 높은 경지를 가리키고 있는 것으로 해석하여, "그 기상을 보면, 비록 요순의 사업이라 하더라도 또한 해낼 수 있다"고 증점을 높이 평가하였다(『주자어류』 권40). 주자의 이러한 해석은 자연히 사람들의 열띤 토론을 불러 일으켰으며, 『주자어류』는 물론이고 『주자대전』 속에서도 이와 관련된 토론의 뜨거운 분위기를 확인할 수 있다(짜오평, 『주희의 최종 관심』, 221쪽).

주자는 '증점의 말 뜻 속에 어떻게 요순의 기상이 있는가' 라는 질문에 대하여 다음과 같이 대답했다.

> 명도 선생이 말씀하신 '만물이 각기 그 본성을 이룬다' 는 이 한 구절은 바로 '요순의 기상'을 잘 본 것이다. 늦은 봄날에 만물의 상태가 그처럼 상쾌하고 증점의 심정과 생각도 또한 그와 같으니, 이것은 곧 각각 그 본성을 이룬 경우이다. 요순의 마음은 역시 만물이 모두 그와 같기를 바랄 뿐이다. 공자의 뜻은 노인은 편안하게 해 주고 어린이는 보살펴주며, 벗 사이에 믿음이 있도록 하는데 있으니, 역시 그러한 뜻인 것이다.

> –『주자어류』 권40

이러한 설명을 통해서 주자는 요순의 기상이 곧 공자의 뜻이며, 증점의 뜻도 거기에 연결되어 있음을 보여주고자 하였다. 그렇다면 여기에서 연결고리 역할을 하는 것은 무엇일까?

그것은 바로 하늘의 올바른 이치인 '천리'이다.

> 증점이 일상의 삶 속에서 본 것은 천리가 유행하는 것
> 이 아님이 없다. 오늘날에는 그렇게 할 수가 없다. 그렇
> 게 본 것을 충실히 실천한다면 그것이 곧 '노인은 편안하
> 게 해 주고 벗 사이에 믿음이 있으며, 어린이는 보살펴준
> 다'라는 공자의 생각이다. 성현이 행한 것은 곧 그러한
> 일일 따름이니, 다시 의도적으로 무엇을 이루려하거나 하
> 는 일은 하지 않는다.
>
> — 『주자어류』 권40

'천리의 유행'을 지나치게 추상적으로 그리고 거창하게만
생각할 필요는 없다. 그것은 우리의 일상적인 삶 속에서 이루
어지는 일이다. 그렇기 때문에 주자는, "노인은 편안하게 해
주고 어린이는 보살펴주며, 벗 사이에 믿음이 있도록 하는 데
에 저절로 천리가 유행하는 것인데, … 이러한 성인의 일을
증점이 본 것이다"라고 말한 것이다(『주자어류』 권40). 그리고
주자는 이러한 자신의 주장에 대한 근거를 더욱 강화하기 위
하여 이정 형제의 제자인 사상채 곧 사량좌의 말을 높이 평가
하면서 인용하였다.

> 상채 선생이 '솔개가 날고 물고기가 뛰논다'는 것과 관
> 련해서 말씀하고, 이어서 "'잊지도 말고 조장하지도 말

라'는 뜻을 안다면 '솔개가 날고 물고기가 뛰논다'는 그 뜻을 아는 것이며, 그 뜻을 알면 '증점과 함께 하겠다'는 공자의 뜻을 아는 것이다"라고 말씀하셨다. 이 한 단락을 보니 훌륭해서 『논어집주』 속의 '무우' 뒤에 인용하는 것이 마땅하겠다.

-『주자어류』 권40

사상채의 말 속에서 인용된 두 문장은 천리의 자연스런 유행을 표현한 것이다. '솔개가 날고 물고기가 뛰논다'는 문장은 본래 유가의 경전 중 하나인 『시경』에 나오는 시의 일부분이지만 『중용』에 인용됨으로써 각별한 의미를 가지게 되었다. 그리고 '잊지도 말고 조장하지도 말라'는 문장은 『맹자』에 실려 있다. 그렇기 때문에 이와 같은 사상채의 해석을 수용함으로써 주자는 일차적으로 공자의 손자이자 증자의 제자이며 『중용』의 저자로 알려져 있는 자사, 자사와 학문적인 연관성이 있는 맹자까지 연결시키는 구도를 만든 셈이다. 그런데 이러한 구도의 정립은 이차적으로 고대 유가학파 내에서의 증점의 위상을 새롭게 해석할 수 있는 기회를 제공하게 된다. 다시 말해서 송대 유학자들에 의해 확립된 공자-증자-자사-맹자로 이어지는 이른바 유가의 '도통' 곧 진리의 계보에 증점이 간접적이나마 연계되도록 한 것이다.

그런데 천리가 유행하게 되면 먼저 반드시 자신에게서 그 이치가 다 발휘되도록 하고, 그러면서 자연스럽게 다른 사물에 미치도록 하니, 머무는 곳에 따라 즐거울 수 있게 된다. 바꾸어 말하면 천리의 유행은 내면적으로는 개인의 수양에 작용하고 외면적으로는 사회적 실천과 관련이 있게 된다. 그리고 증점의 경우에는 스스로의 역량으로 그러한 도리를 먼저 안 것인데, 이와 같이 증점이 타고난 자질로 스스로 천리를 알게 된 것은 양날의 칼과 같아서 반드시 긍정적으로만 작용한 것은 아니다.

> 증점의 사람됨은 고상하여 일상의 삶 속에서 저 천리가 유행하는 묘리를 보았다. 그러므로 요순의 사업 역시 그와 같은 것에서부터 해나가는 정도이다. 그런데 같지 않은 곳은 있다. 요순은 실제로 그러한 면모가 있고 실제로 실천해 나갔다. 증점은 다만 '우연히' 환하게 본 것이다. 하나의 귀한 구슬에 비유한다면, 요순은 실제로 가슴속에 갖고 있고 증점은 단지 보기만 했을 뿐이다. 그런데 다른 사람들은 또한 보는 것조차 하지 못한다.
>
> —『주자어류』 권40

여기서 증점의 결정적인 문제점이 들어난다. 증점은 '우연히' 혹은 '뜻밖에', '문득' 천리의 유행을 보고 또한 요순의 기상을 이해했으나, 바로 거기서 머무르고 더 이상 실천의 장으로 나아가지 못했다. 이것이 바로 증점의 한계였다. 그런데 "증점은 다만 '우연히' 환하게 본 것이다"라는 문장에서 '우연히'의 뜻은 '어쩌다 보니'라는 의미보다는 직관적·돈오적 의미가 들어 있는 표현으로 해석할 수도 있다. 왜냐하면 이때 주자의 머릿속에는 증점이 직면한 상황이 직관적 깨달음 곧 '돈오'를 강조하는 선불교와 유사하다는 생각이 떠올랐을지도 모르기 때문이다. 그러나 이렇게 본다고 해서 증점의 한계가 해소되는 것은 아니다. 이러한 주자의 생각 속에는 또 한편으로 깨달음을 강조하는데 비해서 현실적 실천성에 문제가 있다고 보는 주자의 불교에 대한 비판의식도 함께 들어 있기 때문이다. 그래서인지 주자는 '실천이 아는 것에 미치지 못하게 된 것은 증점이 그 큰 도리를 먼저 보았기에 자연히 실천하기가 어렵게 되었다'고 표현한 것이다(『주자어류』 권40). 선불교의 표현을 빌려서 말한다면 '돈오' 곧 문득 깨닫기는 했으나 '점수' 곧 점진적이고 끊임없는 실천은 제대로 이루어지지 못했다는 평가이다. 그렇지만 증점이 가진 이러한 문제점에도 불구하고 증점에 대한 주자의 평가는 대체로 호의적이고 긍정적이었다.

증점이 본 도리는 큰 것이다. 그러므로 요순의 사업도 넉넉히 할 수 있고, 다른 제자들의 소소하고 말단적인 일과 비교해 보면 원래부터 차이가 난다. 그는 이와 같은 성인의 기상을 보았기에 비록 사물의 밖으로 넘어서 있으나 실제로는 사물과 떨어져 있지 않았다. 이와 같이 무사·무위 곧 억지로 일삼는 것이 없고 인위적으로 일을 추구하지 않음으로써 오히려 유사·유위 곧 제대로 일삼는 것이 있고 순리에 따라 일을 추구할 수 있게 되어, 결과적으로 훌륭한 업적을 이루게 된다. 하늘과 같은 큰일도 할 수 있고 바늘 같은 작은 일도 할 수 있다.

-『주자어류』 권40

주자는 증점의 기상이 참으로 종용쇄락[7] 곧 태도가 차분하고 자연스러우며 인품이 깨끗하고 속기가 없는 모습이라고 말하면서, 그렇기 때문에 오히려 요순의 사업도 해낼 수 있다고 보았다. 이제 다음의 대화를 살펴보면서 증점의 기상에 대한 주자의 평가가 어떠한가를 마무리 짓도록 하자.

증점에 대해서 질문하였다. 주자께서는 "오늘날 배우는 사람들은 증점이 가졌던 기상을 조금이라도 갖고 있지 않다. 이제 온종일 몇 글자 정도 이해하면서 결말을 내리고자 하나 오히려 제대로 깨닫지 못하고 있으니, 어떻게 감히 증점의 기상을 바랄 수 있겠는가? 그가 곧바로 그러한 도리를 본 것은 매우 생기 있고 유쾌한 것이다. 만약 오늘날 여러분들처럼 공부할 것 같으면 어떻게 그와 같이 될 수 있겠는가?"하고 말씀하셨다.

-『주자어류』 권121

---

7 종용쇄락(從容灑落).

요컨대, 이것은 제자들의 면려를 촉구하는 동시에 증점에 대한 주자의 호의적인 감정을 잘 드러내는 발언이라고 말할 수 있다. 『논어』 속에서 드러난 증점의 모습은 아마도 유가경전에 나오는 인물 중에서 사회에 대한 직접적인 관심을 포착해 내기가 가장 어려운 경우에 속하는 데도 불구하고, 주자와 그의 사상적 스승들은 그 속에서 사회에 대한 관심을 읽어내고자 했다. 이러한 노력의 결과로 '증점의 기상'이라는 사회지향적 해석이 탄생하였다. 사회에 대한 관심은 분명히 유가의 도의 한복판에 자리 잡고 있는 사항이다. 그리고 주자는 그의 삶의 말년으로 갈수록 요순의 기상 곧 현실 사회의 긍정적인 변화를 추구하는 입장을 강조하였다. 그렇다면 주자가 요순의 기상과 증점의 기상을 연계시켰다는 것은 결국 그만큼 증점을 긍정적으로 보았다는 분명한 증거가 되지 않겠는가?

(2) 공자는 증점의 뜻에 공감했다

주자는 공자가 증점의 뜻에 공감한 이유를 <『주자어류』 권 40>에서 다음과 같이 설명하였다.

첫째, 증점이 초연히 천지만물의 도리를 간파한 것을 공자는 기쁘게 받아 들였다.
둘째, 공자는 당시 증점의 뜻이 세 제자들보다 높은 것을 긍정적으로 평가하여 함께 하겠다고 한 것이다.

셋째, 증점이 자신의 뜻을 말하니, 그때 공자는 다만 그가 말한 몇 구절의 명쾌한 말을 보고서 사람을 상쾌하게 만드는 뜻이 있다하여 그와 함께 하고자 한 것이다.

넷째, 다른 제자들은 공부한 것에만 머물러 있기 때문에 분발하도록 하기 위해서 증점과 함께 하겠다고 하였다.

다섯째, 공자가 증점과 함께 하리라 한 것은 증점은 어디에 얽매어 있지도 않고 억지로 뭔가를 하려고 하는 것도 없이 모두 천리가 작용하는 것이기 때문이다.

주자의 설명을 요약하면, 증점의 뜻은 곧 천리가 유행하는 높은 경지에 있기 때문에 공자가 공감한 것이 된다. 이러한 주자의 설명에 한 가지 사항을 덧붙일 수 있다. 그것은 바로 개인의 수양과 사회적 실천이라는 유가의 기본적인 지향을 더욱 풍요롭게 만드는 예술정신이 어우러져 있는 경지를 증점이 표현한 것에 대한 공자의 찬탄과 동의라는 해석이다. 음악 연주와 더불어 증점이 자신의 포부를 한 폭의 산수화를 연상시키듯이 표현한 것은 그의 예술적 심미성을 잘 드러낸 것이다. 이러한 증점의 예술정신에 대하여 음악을 비롯한 예술 방면의 마니아인 공자가 공감의 뜻을 나타냈으리라는 것은 충분히 추론할 수 있는 일이다. 그런데 중국문화에서 이러한 예술정신이 중요한 이유는 다른 무엇보다도 예술정신을 매개로 해서 '유가적' 측면과 '도가적' 측면이 서로 공감하고 소통할 수 있는 길이 생겨날 수 있기 때문이다. 그리고 이와 같이 유가와 도가를 사상적 측면에서 서로 대립하고 갈등하는 측면만 강조하는 것이 아니라 또 다른 측면 곧 사상적 교류와 융합의 측면에도 주목하는 것은 중국철학을 보다 넓고 깊게 이해하는 길이 될 수 있다. 한편 현대 중국의 저명한 학자인 첸무(전목)은 공자가 자신의 정치적 이상과 포부를 더 이상 펼칠 수 없는 상황에서 증점의 뜻이 자신의 생각 한 쪽에 자리 잡고 있는 안빈낙도, 은둔정신과 통했기에 감성적인 차원에서 부지불식간에 찬탄과 동의를 한 것으로 해석하기도 하였다(첸무, 『논어신해』, 299쪽). 이것 역시도 흥미로운 해석이 아닐 수 없다.

(3) 증점의 즐거움, 그 뜻을 살펴보다

유가를 오직 '금욕주의'라는 틀 속에 가두어 놓는 일은 유가에 대한 잘못된 이해 중에서 대표적인 사례이다. 오히려 유가의 주요한 특징 중의 하나는 '즐거움'에 대한 긍정이다. 이와 관련해서는 『논어』의 첫 문장을 떠올릴 필요가 있다.

선생님께서 말씀하셨다. "배우고 때에 알맞게 익히면 또한 기쁘지 않겠는가? 벗이 먼 곳으로부터 찾아오면 또한 즐겁지 않겠는가? 남이 알아주지 않더라도 노여움을 품지 않으면 그 또한 군자가 아니겠느냐?"

-『논어』 「학이」

여러 사상과 종교에서 때로는 부정적으로 받아들이는 일상에서의 참된 기쁨과 즐거움을 현실의 삶을 중요시하는 유학에서는 오히려 긍정적으로 받아들이고 있는 것이다. 유학의 역사에서 공자의 즐거움과 안연의 즐거움 곧 '공안지락', '공안낙처'는 그 대표적인 사례이다.[8] 이와 관련된 내용을 『논어』 속에서 계속 확인해 보고, 그러한 즐거움의 참 모습은 어떠한가, 증점의 즐거움과 어떤 관계를 가지는가하는 문제에 대해서 한번 살펴보기로 하자.

선생님께서 말씀하셨다. "어질도다, 안회여! 다른 사람들은 한 그릇의 밥과 한 표주박의 물로 누추한 거리에 사는 그 근심을 견뎌내지 못하는데, 안회는 그가 본래 추구한 즐거움에서 벗어나지 않으니, 어질도다, 안회여!"

-『논어』 「옹야」

선생님께서 말씀하셨다. "거친 밥을 먹고 물을 마시며 팔을 굽혀 베더라도 즐거움은 또한 그 가운데에 있으니, 의롭지 못하고서 부유하고 또 귀하게 되는 것은 나에게 있어 뜬구름과 같은 것이다."

-『논어』 「술이」

---

8 공안지락(孔顔之樂), 공안낙처(孔顔樂處).

이와 같은 즐거움은 다른 무엇보다도 이른바 세속적인 가치에 대한 무심과 무욕의 경지와 맞닿아 있으며, 성리학적 표현을 쓴다면 일상의 삶 속에서 '천리' 곧 '하늘의 올바른 이치'를 체득하고 따르는 데서 생겨나는 차원 높은 즐거움이다. 그리고 유학의 역사에서 여기에 비교할 만한 것이 증점의 즐거움 곧 '증점지락'이다. 증점의 즐거움도 본질적으로 일상의 삶 속에서 생겨나는 바로 그러한 천리의 발현과 연관되어 있다.

> 증점은 사물마다 모두 천리가 유행하는 것을 보았다. 좋은 때에 아름다운 경치 속에서 여러 좋은 친구들과 더불어 즐거움을 누리고자 하였다. 그는 다른 제자들의 여러 얘기에 나오는 공명사업이 모두 적절한 것이 아니라고 보았다. 그는 일상의 삶 속에서 천리가 아닌 것이 없고, 곳곳마다 즐거워할 만한 것이 아닌 것이 없다고 보았다. 그는 스스로 "늦은 봄날에 봄옷이 마련되면 어른 대여섯 명과 아이들 예닐곱 명과 함께 기수에서 목욕하고 무우에서 바람 쐬고 노래하면서 돌아오겠습니다"하는 경지를 알았으니, 이것은 천리를 즐길 수 있을만한 일인 것이다.

> -『주자어류』 권40

증점은 자기가 있는 자리에서 참으로 멀고 큰 것(천리)를 보았고, 가깝고 작은 것(세속적인 가치)는 모두 행하기에 부족하다고 여겼다. 그러므로 일상의 삶 속에 있으면서도 세속의 일에 어지럽게 얽매이지 않았다. 또한 그럴듯한 일을 이루어서 세상에 이름을 알리고자 무언가를 억지로 하겠다는 뜻은 조금도 없었다. 그는 오직 그 즐거워할 바를 즐거워하면서 일생을 보내기를 바랐던 것이다. 주자는 이러한 증점의 즐거움을 같은 문하의 안연의 즐거움과 곧잘 비교하였다.

> 안자의 즐거움은 역시 증점의 즐거움과 같다. 공자께서는 안자가 어떻게 해서 즐거워하였는가만을 말씀하셨고, 증점은 여러 즐거워한 일을 말씀하셨다. 증점의 즐거움은 얕고 가까우며 쉽게 볼 수 있다. 안자의 즐거움은 깊고 은미하며 알기 어렵다. 증점은 다만 그와 같이 보기만 하였는데, 안자는 그 속으로 공부해 들어갔다. 그러므로 근원에서부터 보아야 알 수 있다.
>
> ─『주자어류』 권31

기본적으로 안연의 즐거움과 증점의 즐거움은 같은 종류라는 것이 주자의 생각이다. 그런데 안연의 즐거움은 일상의 삶속에서 담담하게 일어나는 즐거움이기에 오히려 그러한 즐거움이 있는지 없는지조차도 잘 알 수 없는 그러한 경지에서 있는 것이고, 증점의 즐거움은 일상의 삶 속에서 그 추구하는 것이 비교적 파격적인 면모가 있어서 곧장 드러난다는 차이점이 있다. 그리고 안연은 일상의 삶 속에서 끊임없이 정진하는데 비해서 증점은 그렇지 못하다는 것이 두 사람 사이에 차이가 존재하는 결정적인 요인이 된다.

어떤 사람이 "안자의 즐거움은 단지 마음속에 그러한 도리가 있기에 곧 즐거워한 것이 아닙니까?"하고 묻자, 주자께서는 "그렇게만 말할 필요는 없으니, 안자는 현실에 근거해서 공부한 것이다"라고 대답하셨다.

- 『주자어류』 권31

노력의 여부는 궁극적으로 안연의 즐거움과 증점의 즐거움의 실제적인 차이를 넓힌 것으로 보인다. 그렇다면 안연이 도달한 즐거움의 경지는 어떠했을까? 참고삼아 그것과 관련된 주자의 말을 살펴보자.

안연은 공자께서 그의 즐거움을 칭찬하셨는데, 그는 일찍이 스스로 '나는 즐겁다'라고 말한 적이 없다. 대체로 사람이 스스로 즐겁다고 말할 때는 이미 즐거운 것이 아니다.

- 『주자어류』 권40

스스로 즐겁다고 말할 때는 즐거움이 이미 대상화되어 버리기에 즐거움과 내가 분리되어 버린다. 따라서 그러한 즐거움은 참된 즐거움이 아니다. 그렇다면 참으로 즐거운 상태에 있을 때는 나와 즐거움이 일체가 되어 버리고, 더 이상의 언어적 표현도 필요가 없게 된다는 의미로 읽힌다. 이러한 경지에 도달했기에 안연에 대한 공자의 기대는 여느 제자와는 차원이 다른 것이었다. 그런 안연이 공자보다 먼저 세상을 떠났으니, 공자는 또한 얼마나 낙심했겠는가!

(4) 공자 문하에서의 증점의 위상을 재평가하다

중국의 고대 유가에서 증점의 위상은 그다지 높지 않았다. 그런데 주자는 공자 문하의 제자들 간의 비교라는 방식을 적용하여 제자들의 위상에 관한 재해석을 시도함으로써 증점의 위상을 새롭게 정립하였다. 그 결과 증점은 공자 문하의 주요한 제자로 재평가 받게 되었다. 이것은 주자가 『논어』 편찬자들의 공문 제자에 대한 평가를 그대로 답습하지 않았다는 의미이며, 따라서 경전을 무조건적으로 절대시하는 이른바 '경전무오류주의'에 대한 비판의 의미도 담겨 있는 셈이다. 이제 이 문제와 관련해서 『주자어류』에 수록된 내용을 검토해 보자. 이 경우에 제일 먼저 관심이 가는 것은 주자가 『논어』 「선진」편의 대화에 함께 등장하는 공자의 제자인 자로·염구(염유)·공서화와 증점을 어떻게 비교하였을까하는 점이다.

증점의 생각은 그와 같은 것을 보았기에 저절로 다른 제자들과 달랐다. 그의 생각을 헤아려 보면, 만약 실천했

을 때는 위로 대단한 일을 해냈을 것이다. … 증점이 그
와 같이 보았을 때는 자로·염구·공서화가 한 것과 같
은 것은 증점이 하고도 남음이 있다.

-『주자어류』 권40

주자는 증점을 세 제자들과 기본적으로 차원이 다른 인물
로 보았다. 물론 '세 제자들도 공자의 문하에 있으면서 의리에
대해서 대체로 이해하기는 했으나, 다만 비교적 거칠어서 증
점의 자세함에는 미치지 못한다'는 것이 주자의 평가이다(『주
자어류』 권40). 그런데 다른 인물은 그렇다고 하더라도 자로조
차 증점에 미치지 못하는 인물로 본 것은 조금 뜻밖의 평가이
다. 주자는 이와 관련해서 '자로가 증점에 버금가는 인물'이
라는 정자(이정 형제)의 평가를 인용하여 자신의 주장을 뒷받침
하였다(『논어집주』 「공야장」 제5장 주석).

다음으로 증점과 비교될 수 있는 공문의 제자로는 칠조개
를 들 수 있다. 이정 형제 중에서 형인 정명도(정호)는 '칠조개
와 증점은 이미 큰 뜻을 보았다'라고 말했는데, 이렇게 나란
히 병칭했기 때문에 오히려 두 사람이 비교가 되고 있다.

우인이 "명도께서 말씀한 '칠조개와 증점은 이미 큰
뜻을 보았다'라는 것은 두 사람이 이미 분명히 큰 본체를
보았다는 것입니다. 살펴보면, 칠조개는 비록 아주 시원
스럽게 본 것은 아니지만 본체에 통하고 작용에 통했다

는 것을 알 수 있고, 증점은 비록 시원스레 보았으나 다
만 본체만을 보았지 그 작용처와 관련해서는 반드시 온
전한 것은 아닌 듯합니다"라고 말하자, 선생께서는 그렇
다고 여겼다.

─『주자어류』 권28

위의 대화 내용으로는 증점과 칠조개 중 누가 좀 더 높이
평가되는지 가늠이 되지 않는다. 다만 칠조개가 인식과 실천
의 양 측면에 대해서 좀 더 균형감을 유지하고 있는 듯하다.
다른 곳에서도 주자는 두 사람에 대해서 비교해서 말했다. 그
러나 이 경우에도 증점에 대한 평가와 칠조개에 대한 평가는
별다른 차이가 나지 않는다.

증점은 비교적 높은 경지를 보았고 칠조개는 다만 소
박하고 착실하다. 그 자질은 비록 증점에게 미치지 못하
지만 본 것이 또한 구차하지는 않다. … 칠조개의 경우에
는 큰 뜻을 본 것은 증점 만큼은 안 되지만 그는 기꺼이
실천해 나갔다. 증점은 비록 보기는 하였으나 또한 최선
을 다하여 끝까지 실천하려 하지 않았다.

─『주자어류』 권40

타고난 자질과 인식의 정도에서는 단연 증점이 앞서지만 또
한편으로 유가에서 강조하는 것이 실천이라는 측면을 고려하

면 쉽사리 증점의 손을 들어주기가 어렵다. 그렇다면 주자는 증점과 칠조개가 본 경지에 대해서는 어떻게 묘사했을까?

'증점과 칠조개는 이미 큰 뜻을 보았다'하니, 그들이 큰 경지를 본 것은 분명하다. 그렇다면 그들이 본 큰 경지는 어떤 것을 말하는가? 천하에는 다만 하나의 도리만이 있고, 배운다는 것은 다만 그 하나의 도리를 이해하고자 하는 것이다. 그러한 도리를 꿰뚫어 통하게 되면 천리와 인욕, 의로움과 이로움, 공과 사, 선과 악의 분별에 모두 통하지 않음이 없게 된다.

−『주자어류』 권8

주자의 해석에 따른다면 증점과 칠조개의 경우에 적어도 세계에 대한 인식이라는 측면에서는 높은 경지에 이르렀음을 알 수 있다. 그런데 인용문에서는 주자학(성리학)의 핵심개념 중 하나인 '리일분수'의 사유가 포함되어 있다.[9] 리일분수란 성리학에서 기와 더불어 세계와 인간을 구성하는 두 기둥 중 하나인 리의 존재방식을 설명하는 개념이다. 리(태극)은 본래 하나이지만, 동시에 현상세계의 개별 사물에도 각각 그 본래의 리가 온전하게 갖추어져 있다는 것이 리일분수의 기본 의미이다. 주자는 리일분수와 관련해서, 달이 하늘에 있을 때는

---

[9] 리일분수(理—分殊).

하나이지만 강이나 호수 등에 비춰지면 비춰지는 곳에 따라 제각기 나타나며, 그렇더라도 달이 이미 나뉘어져 있다고 말해서는 안 된다는 비유를 들어서 설명했다(『주자어류』 권94).

다음으로는 가장 흥미로운 비교를 살펴 볼 차례이다. 그것은 바로 증점과 그 아들인 증삼 곧 증자와의 비교이다. 그런데 흥미로운 점은, 송대 유학자들이 증점과 증자 부자의 사유를 은연중에 선불교와 연결해서 해석한다고 비판하는 현대의 학자가 있다는 사실이다. 첸무(전목)은 "송대의 유학자들은 선종의 비밀스런 이심전심의 고사의 영향을 받아서인지 그러한 입장에서 '일이관지장'[10]을 해석하여, 증자가 한번 '네'라고 답한 바로 그 때 증자는 공자가 마음으로 전한 것을 곧바로 얻었다고 여겼다. 이것은 결코 그 장의 올바른 해석이 아니다"라고 말했다(첸무, 『논어신해』, 99쪽). 또한 "'나는 증점과 함께 하리라'하고 찬탄한 것은 송대와 명대의 유학자들에 의해 도를 즐기는 경지를 나타내는 것이 되고, 심지어 증점은 곧 요순의 기상이 있는 자라고까지 말해졌는데, 이것은 참으로 선의 기풍에 깊이 물든 것이다"라고 비판했다(첸무, 『논어신해』, 300쪽). 이러한 관점에서 주목할 만한 측면은, 송대와 명대의

---

10 일이관지장(一以貫之章)은 『논어(論語)』 「이인(里仁)」에 들어있다. "子曰, 參乎, 吾道一以貫之. 曾子曰, 唯. 子出. 門人問曰, 何謂也. 曾子曰, 夫子之道, 忠恕而已矣."(선생님께서 "삼아! 내 도는 하나로 꿰어져 있다"라고 말씀하시니, 증자는 "예"라고 대답하였다. 선생님께서 나가시자 다른 문인이 "무엇을 말씀하신 것입니까?"하고 물었다. 증자는 "선생님의 도는 충서일 뿐입니다"라고 대답하였다)

유학자들이 결과적으로 증점과 증자 부자가 선과의 유사성이라는 공통분모를 가진 것으로 보았다고 지적한 점이다. 다시 말해서 두 부자는 사상적 경향성을 공유하고 있다는 것이다. 그런데 『주자어류』에는 이들 부자의 상반된 경향성이 여러 차례 언급되어 있다. 그것과 관련된 주자의 대표적인 발언을 살펴보면 다음과 같다.

> 나는 이전에 증점 부자가 정반대로 갈라섰다고 말했다. 증자는 일찍이 모든 것을 통괄하는 큰 본체를 앞서서 보지 못하고 다만 실제의 일로부터 점진적으로 해나가서 결국에는 마침내 투철해졌다. 증점은 일찍이 해나가지 않았을 때 먼저 깨달았으니, 그가 증자처럼 세밀하게 실행해 나갔다면 무엇에 비교할 수 있겠는가? 다만 그는 상쾌하게 본 후에 실제의 일을 감당하지 않았기에 본 것에서 머물고 말았다. 그러므로 그가 말한 뜻은 역시 실제의 일을 해나가고자 한 것이 아니라 마음속으로만 그와 같이 상쾌하고 생기 있게 세월을 보내고자 했을 따름이다.
>
> ─『주자어류』권40

이 문장에서 주자는 증점과 증자 부자의 공부 방식과 관련해서, 불교식 표현을 빌려서 말한다면, 증점은 문득 깨달은 '돈오'이고 증자는 끊임없는 노력 끝에 활연관통[11]한 '점수돈오'로 설명하려는 의도가 있는 것 같다. 그렇기 때문에 주자는 타고난 선천적 자질이 오히려 후천적 노력을 가로막은 증점의 경우와 끊임없는 노력을 통해 마침내 일정한 경지에 다다른 증자의 경우를 비교하면서, "증점은 본래 큰 경지를 보았으나 소소한 것은 알려고 하지 않았기에 마침내 그 아들에게 미치지 못하였다"고 말함으로써, 결국 도문학의 입장에 서서 "배우는 사람들은 모름지기 증자와 같이 점진적으로 추구해 나가야 내실이 있게 된다"라고 증자의 손을 들어 주었다(『주자어류』 권40).

도문학은 존덕성과 더불어 『중용』에 나오는 말인데,[12] 존덕성이 선천적 도덕성을 바탕으로 하는 실천을 강조하는 의미라면 도문학은 사물에 대한 정밀한 인식을 추구하는 것을 뜻한다. 남송 때 육상산은 인간의 도덕적 본성을 강조하는 존덕성의 입장에서 진리를 인간의 주체적인 마음에서 찾아야 한다고 보았으나, 그의 논적인 주자는 도문학의 입장에서 사물의 이치를 객관적으로 궁구해 나가는 것에서부터 출발해야 한다는 점을 강조하였다. 학문의 방법론과 관련된 이 두 사람의 논쟁으로 말미암아 존덕성과 도문학은 대립적인 것으로 보이지만, 양자의 관계는 본래 상호보완적인 것으로 이해해야

---

11 활연관통(豁然貫通)은 '환하게 모든 이치에 통하게 된다'는 뜻이며, 주자가 『대학장구(大學章句)』 전5장을 보충한 격물보망장(格物補亡章)에서 사용하였다.

12 『중용장구(中庸章句)』 제27장, "故君子尊德性而道問學."(그러므로 군자는 덕성을 높이고 학문을 추구한다)

만 한다. 주자의 입장에서 말한다면, 도문학에서 출발하여 존덕성으로 나아가는 것이 순리인데, 육상산과 같이 도문학은 가벼이 여기고 곧장 존덕성만을 강조하는 것은 문제가 많다는 것이다.

공자 문하의 제자와 증점을 비교할 경우에 빼놓을 수 없는 인물은 바로 공자의 수제자로 일컬어지는 안연이다. 안연은 공자 문하에서 일종의 '절대기준'이 되는 인물이기 때문이다.

> "증점이 본 것을 만약 안연처럼 성실하게 공부해 나갈 수 있었다면 어떠했겠습니까?"하고 묻자, "증점과 안연은 본 곳이 같지 않다. 증점은 다만 정밀하고 빼어난 곳을 보았으나 거칠고 성긴 것은 보지 못했다. 안연은 타고난 자질이 뛰어나니, 정밀하고 거친 것, 근본과 말단을 한번에 꿰뚫어 보아서 본래 그와 같이 하학상달[13] 할 줄 알았다. 그는 한 번에 꿰뚫어 보았기에 그와 같이 해나간 것이다. 증점은 다만 위로 향하는 도리만 보았기에 그 가슴 속에 받아들여 활용하는 것이 저절로 한가한 것이다"
> 라고 말씀하셨다.

-『주자어류』권41

안연(안회)는 인식과 실천 양 측면에서 거의 완전한 인물이

---

13 하학상달(下學上達).

었다. 사물에 대한 완전한 인식을 바탕으로 '하학상달' 곧 아래에서부터 배워나가서 위에 도달한 인물이다. 다시 말해서 형이하학적인 것부터 시작해서 형이상학적인 것에까지 두루 통달한 인물이다. 그렇기 때문에 주자는 안연을 공문 제일의 인물로 인정하는데 주저하지 않았다. 따라서 안연과 증점을 비교하는 그의 말에서는 그 차이가 분명하게 드러난다.

이제 주자가 공문의 여러 제자와 증점을 함께 평가하는 내용을 잠시 살펴보면서 공문에서 차지하는 증점의 위상에 대한 분석을 마무리하고자 한다. 주자는 "공자의 문하에서는 오직 안연·증자·칠조개·증점만이 그러한 도리를 본 것이 분명하다"라고 언급함으로써 공문에서 네 인물이 어떠한 위상을 가지는가하는 문제에 대한 자신의 관점을 잘 보여주었다(『주자어류』 권117). 그런데 여기서 이름이 언급된 순서는 아마도 네 인물에 대한 주자의 평가를 드러낸 것으로 보인다. 왜냐하면 주자는 '안연을 뛰어난 선천적 자질과 후천적 노력을 겸비한 인물로, 증자를 끈기 있게 후천적인 노력을 통해 크게 성취한 인물로, 칠조개를 비교적 어느 정도의 선천적 자질과 후천적 노력이 잘 조화를 이룬 인물로, 증점을 타고난 선천적 자질은 잘 갖추었으나 후천적 노력이 결여된, 그렇기 때문에 늘 실천이 문제가 되는 인물'로 규정했기 때문이다(『주자어류』 권117). 다른 한편으로 주자는 공자의 제자들을 평가할 때 그들이 어떤 뜻을 세웠는가 하는 '입지'의 측면을 중요한 기준으로 삼았다.

그 경우에 뜻을 제대로 세우지 못한 대표적인 제자로는 재여와 염구를, 뜻을 세운 대표적인 제자로는 안연, 자로와 칠조개, 증점 등을 거명하였다. 그리고 증점을 규정하는 대표적인 개념인 '광사'는 군자가 될 만한 자질과 뜻을 갖춘 긍정적인 인물상으로 해석하였다(『주자어류』 권118).

그런데 이와 같이 주자가 공문의 대표적인 인물 중 한 사람으로 증점을 새롭게 평가하여 공문의 핵심 그룹에 포함시킨 것은 증점 개인의 위상 재정립에 그치는 것이 아니라, 넓게 보면 유학의 근본정신을 어떻게 새롭게 정립할 것인가하는 문제와도 관련되어 있다. 이 문제와 관련해서는 증점에게서 드러나는 비유가적 측면을 분석해 볼 필요가 있다.

2) 주자, 증점의 비유가적 측면을 말하다

『논어』「선진」편의 마지막 장인 '오여점야장'에 대해서 송대 유학자들은 큰 관심을 보였는데, 그들은 대체로 증점이 대답한 것을 성현의 최고 경지를 표현한 것으로 여겼다. 그러나 정작 증점의 발언 중에는 유가라면 마땅히 있어야 할 사회에 대한 관심과 실천을 직접적으로 나타내는 말은 단 한 마디도 없으며, 오히려 그의 말은 노자나 장자처럼 현실을 초월한 기풍을 드러내는 것처럼 보인다. 그럼에도 불구하고 많은 유학자들은 그 본래의 뜻이 어떠한가를 논의해 보지도 않고서 증점의 기상을 도가의 경지로 해석하는 것을 받아들이지 않았다(짜오펑, 『주희의 최종 관심』, 220~221쪽). 그러나 주자는 증점의 발언에 도가적 기풍을 비롯한 비유가적 측면과 관련되는 요소가 있음을 인정하였다. 이 점에서 본다면 주자는 학문적 측면에서 비교적 객관적 자세를 견지하려고 노력했음을 알 수 있다. 이제 주자가 증점의 사상적 경향을 비유가적 측면과 연결해서 해석하는 경우를 좀 더 자세히 분석해 보면 다음과 같이 정리할 수 있다. 첫째는 도가와 비교한 경우, 둘째는 소강절과 비교한 경우, 셋째는 불교 및 노자와 비교한 경우, 넷째는 불교와 비교한 경우이다.

그렇다면 어째서 증점에게 그러한 비유가적 측면이 있게 되었을까? 그리고 그러한 비유가적 측면은 유가적 측면과 전혀 관계가 없는 것인가? 먼저 후자의 물음에 대한 답을 찾아 보고, 전자의 물음에 대한 답을 알아보자.

『주자어류』에는 여러 비유가적 측면이 함께 서술되면서 장자, 유가, 불교, 증점의 상호 관계에 대한 주자 나름의 해석을 보여주는 대화가 기록되어 있다.

이어진 대화에서 주자는 "장자는 어디서 전수 받은 것인지는 알 수 없지만 그 자신 도의 본체를 보았다. 대체로 맹자 이후 순자에 이르는 여러 학자들은 모두 장자에 미칠 수 없었다. 예컨대 장자는 (『장자』「천도」에서) '도를 말하면서도 그 질서를 말하지 않으면 도가 아니다'라고 하였는데, 이러한 의론은 매우 훌륭한 것이다. 헤아려 보면 역시 공자의 문도와 연결되니, 그 비롯된 원류가 있는 것이다. 후에 와서 불교에서 훌륭한 것을 말하였는데, 모두 장자에게서 나왔다. 다만 장자는 그 앎이 지극하지 않고 세밀한 공부가 없어서 잠깐 사이에 말한 것이 모두 다른 데로 흘러가 버렸으니, 이른바 『중용』에서) '현명하다는 자는 지나치다'는 것이다. 오늘날 사람들은 역시 자신들이 배우는 것을 잘 이해하여 자신들의 본령을 훤하게 꿰뚫고 난 다음에 장자의 이러한 의론을 보아야 그 높고 낮음을 분명하게 볼 수 있다. 만약 줄곧 장자의 주장을 논파해야 한다는 것을 이해하지 못한다면 잠깐 사이에 식견이 낮아져서 장자의 경지와 흡사하게 된다"라고 말씀하셨다. 이어서 "증점의 무리는 그 기상이 바로 이와 같다"라고 덧붙여 말씀하셨다.

－『주자어류』 권16

위의 글에서 우리는 장자와 고대 유가가 연결되고 나중에는 불교가 장자의 사상으로부터 영향을 받았으며, 또한 증점의 경향도 장자와 흡사하다는 주자의 주장을 읽을 수 있다. 특히 주자는 장자가 공자의 제자인 자하의 계통과 연관이 있다는 것을 당나라 때의 한유의 주장으로 간주하였다.[14] 그리고 선불교가 장자사상의 영향을 받아서 성립되었다는 것은

---

14 현대의 학자인 궈모뤄(郭沫若)는 장자를 안연학파(顔淵學派)의 후예라고 주장하였다.

오늘날 중국철학사의 상식이기 때문에 주자의 주장이 전혀 근거가 없는 것은 아니다. 그렇기 때문에 이러한 연관성을 고려한다면 '비유가적'이라 하더라도 유가와 완전히 다른 어떤 것은 아니다. 다시 말해서 사상에 있어서 상호유사성과 영향력을 인정한 셈이다. 내재된 의미를 살려서 말한다면, 주자는 기본적으로 유가 이외의 사상에 대해서 단순히 유가가 아니기 때문에 문제를 삼은 것이 아니라 유가 이외의 사상이 사회적 실천과 관련해서 근본적으로 문제가 있기 때문에 문제를 삼은 것이라고 해석할 수 있다.

그렇다면 이러한 비유가적인 양태는 일반적으로 어떻게 해서 생겨나는 것일까? 주자는 『논어』에서 말하는 '광간'한 사람이 자신을 바르게 지켜 나가기 위해 적절하게 노력하지 않으면서 자신의 고상함에만 빠져 삶의 일을 알려하지 않게 되면 결국 이단으로 흘러들어간다고 보았다. 그리고 이러한 종류의 이단에 속하는 이들이 바로 '세상을 등지고 고상하게 살려는 사람', '깊이 숨어있어 드러나지 않는 이치를 찾거나 정상을 넘어선 지나친 일을 하는 사람'이며, 이러한 풍조가 흘러가서 마침내 불교나 도가가 되었다고 본다(『주자어류』 권29). 그렇다면 문제의 단초는 바로 '광'인 것이다. 즉 '광'은 비유가적 측면이 나타날 수 있는 온상의 구실을 할 수도 있다는 것이다. 이제 '광'과 관련된 존재에 대한 주자의 설명을 『논어집주』의 주석을 통해서 좀 더 살펴보자.

광간은 뜻은 크나 행실에는 소략한 것이다. … 공자의 처음 마음에는 그 도를 천하에 펴보려 하였으나, 이때에 이르러 끝내 쓰이지 못할 줄을 아셨다. 이에 비로소 후학을 성취시켜 후세에 도를 전하고자 하신 것이다. 또 중행의 선비를 얻지 못하여 그 다음 사람을 생각하셨으니, 광사는 뜻이 고원하여 그와 더불어 도에 나아갈 수 있으리라고 여기신 것이다. 다만 광사들은 중도를 벗어나고 정도를 잃어 혹여 이단에 빠질까 염려하셨다. 그러므로 돌아가 바로잡고자 하신 것이다.

-『논어집주』「공야장」 제21장 주석

이 주석에서 주자는 '광사'에는 상반되는 두 측면이 있다는 점을 보여주었다. 그것은 첫째, 광사는 더불어 도에 나아갈 수 있는 가능성을 가진 존재인 동시에 둘째, 광사는 또한 이단에 빠질 수도 있는 존재라는 점이다. '광'의 존재와 관련하여 주자는 "광자는 뜻은 지극히 높으나 행동이 말을 따라가지 못하는 경우이니 … (광자나 견자) 이들은 그래도 지조와 절개로 인하여 격려하고 억제하여 도에 나아가게 할 수 있기 때문이요, 끝내 여기에서 마칠 뿐임을 허여한 것은 아니다"라고 긍정적인 방향으로의 변화에 대한 희망을 가질 수 있는 존재라는 점을 강조하였다(『논어집주』「자로」 제21장 주석). 이외에도 "광은 조급하고 경솔하다는 것이다"(『논어집주』「양화」·제8장 주석), "광이란 품은 뜻이 너무 높은 것이다"(『논어집주』「양화」 제16

장 주석)라고 부정적인 의미로도 풀이하였다. 그리고 『맹자』에
서도 '광'에 대하여 언급한 내용을 찾아 볼 수 있다.

> 만장이 물었다. "공자께서 진나라에 계시면서 말씀하
> 시기를 '어찌 돌아가지 않겠는가. 우리 고을의 선비가 광
> 간하여 진취적이되 그 처음의 상태에서 벗어나지 못한다'
> 고 하셨으니, 공자께서는 진나라에 계시면서 어찌하여 노
> 나라의 광사들을 생각하셨습니까?" 맹자께서 말씀하셨다.
> "공자께서는 '중도의 인물과 함께 하지 못한다면 반드시
> 광하고 견한 인물과 함께 하겠다. 광자는 진취적이고 견
> 자는 하지 않는 것이 있다'고 하셨으니, 공자께서 어찌
> 중도의 인물을 얻기를 원하지 않으셨겠는가! 반드시 얻
> 을 수 없기 때문에 그 다음의 인물을 생각하신 것이다."
> "감히 묻겠습니다. 어떻게 해야 광이라 이를 수 있습니
> 까?" "금장·증석·목피와 같은 자가 공자의 이른바 광
> 이라는 것이다." "어찌하여 광이라 말합니까?" "그 뜻이
> 높고 커서 말하는 것은 '옛 사람이여, 옛 사람이여!'라고
> 하되, 평소에 그 행실을 살펴보면 행실이 말을 따라가지
> 못하는 자이기 때문이다."
>
> ─『맹자』「진심 하」

여기서는 맹자가 『장자』에 등장하는 인물과 증점을 병칭하
였다는 점이 흥미롭다. 그렇다면 주자가 증점을 장자와 유사
한 측면이 있는 것으로 본 이유 중의 하나는 바로 이러한 점

에 근거한 것은 아닐까? 특히 맹자는 공자가 말한 광자의 한 사례로 증점을 지목하였다. 정명도 역시 맹자의 견해를 받아들여 금장, 증점을 '광사'로 지목하면서 '광'의 의미를 '지나침'으로 풀이하였으며, 또한 광자는 행동이 말을 따라가지 못하기 때문에 '구체적인 실천과 성과가 결여되었다'고 평가하였다(『정씨외서』 권6).

앞에서 이미 증점이 '광'과 관계가 있다는 점을 언급하였는데, 주자는 증점에게서 보이는 '광'의 그러한 두 측면 곧 긍정적인 면과 부정적인 면을 공평하게 파악할 것을 강조하였다.

> 그에게서 '광'의 잘못된 점은 쉽게 드러나는데, 오히려 그에게서 '광'의 훌륭한 점이 어떠한가를 보아야만 한다. 그는 일상의 삶에 근거해서 천리가 작용하는 것을 보았기에 그의 생각이 늘 그렇게 훌륭한 것이다.
>
> ―『주자어류』 권40

그렇다면 '광'의 상태라는 것은 유가적 관점에서 보면 이단과 비이단의 경계선상에 있는 것이다. 그런 의미에서 본다면 증점은 유가적인 것과 비유가적인 것의 경계에 서 있는 '경계인'으로 볼 수 있다. 예컨대, 증점은 인의예지의 유가적 도덕 원칙에서 완전히 벗어난 것은 아니나 부귀나 공명 같은 세속적 가치의 추구라는 측면에서는 초탈한 것으로 보인다. 이것은 곧 세속에 휩쓸리지 않고 바깥세상의 일에 동요되지 않는 심리상태를 보여준다. 또한 앞에서 인용한 노나라의 실력자인 계무자와 관련된 『예기』의 예화를 토대로 하여 증점의 태도나 의도를 분석해 보면, 권력자에 대한 비난과 조롱의 방식은 -아내가 죽었을 때 장자가 노래했다는 파격적인 장면을 떠올려본다면- 다분히 도가적이지만 그렇게 한 근본 의도는 오히려 예법을 강조하기 위한 것이라고 해석한다면 다분히 유가적인 것이므로, 일종의 아이러니한 퍼포먼스 혹은 현대적인 의미로 표현한다면 일종의 행위예술이 된다. 이러한 것들이 경계인과 관련된 사항으로 볼 수 있을 것이다. 그렇기 때문에 증점의 경우에는 특히 거시적이고 미시적인 측면을 포괄하는 해석과 평가가 필요하다. 증점에게 존재하는 비유가적인 측면을 누구보다도 꿰뚫어 본 주자이지만 그럼에도 불구하고 그는 다음과 같이 단언하였다.

> 사람들은 다만 증점의 '광'만을 드러내서 말하는데, 공자께서 특별히 함께 하겠다고 한 뜻을 헤아려 보면 증점은 대단히 높은 경지에 도달했음에 틀림없다. 그는 자질이 명민하여 스스로 이 도의 본체를 훤히 꿰뚫어 보았으니, 천하의 어떤 일이 그를 움직이게 할 수 있는지를 보라!
>
> -『주자어류』 권40

이 정도로 표현했다면 아마도 주자를 증점의 '팬'이라고 불러도 지나치지 않을까? 그렇다면 증점은 어떻게 해서 그와 같은 '광'이라는 지나친 상태에 이르게 되었는가? 앞에서도 이미 언급되었지만 다시 한번 간략하게 그 이유를 살펴보면 다음과 같다.

"증점의 광은 어떻게 해서 생겼습니까?"하고 묻자, "그는 비록 그러한 이치를 알았지만 실천하는 것이 미치지 못했다"라고 말씀하셨다.

-『주자어류』권40

세계에 대한 명료한 인식 곧 지는 충분했지만 삶 속에서의 구체적인 실천 곧 행이 미흡했기에 결국 증점은 '광자'로 간주되었고, 다시 그의 사상적 경향 속에는 비유가적인 것이 존재하는 것으로 해석되었다. 그런 한편으로 이러한 평가를 통해서 주자는 지와 행의 유기적인 연결을 강조하는 유학자로서의 자신의 입장을 분명히 드러내 보였다.

그렇다면 이제 세부적인 구분 속에서 비유가적 측면이 어떻게 설명되는지를 주자의 목소리를 통해서 살펴보자.

(1) 도가와 비교하다

증점은 천부적으로 진리를 인식하는 능력을 타고났으나 실천력의 결여로 인하여 오히려 비유가적인 데로 빠질 가능성이 커진다. 주자는 이러한 위태로움을 다음과 같이 묘사했다.

> 증석은 높은 경지를 보았으나 그 아래에 있는 수많은
> 일에 대해서는 하려고 하지 않았다. 그는 말할 때는 모두
> 이렇게 범속의 기풍을 떠나서 깨끗하다. 생각해 보면 그
> 는 단지 타고난 자질이 우수하여 이와 같은 것을 보았지
> 만 더 이상 공부를 하려고 하지 않았으니, … 증석의 말
> 류는 곧 노장이 되고 만다.
>
> ―『주자어류』 권28

증점에게서 노장의 혐의를 찾아볼 수 있는 대표적인 예화
는 역시 『예기』 「단궁」에 나오는 내용이다. 이와 관련하여 주
자는 증점의 행위를 노장(노자와 장자)에 속하는 것이라고 분명
하게 지적하였다.

> 계무자가 죽었을 때 증점이 그 문에 기대어 노래했다
> 는 것을 헤아려 볼 때, 계무자가 비록 좋은 사람은 아니
> 지만 그래도 사람이 죽었는데 노래하다니, 이것은 어떤
> 도리인가! 이것은 곧 노장의 생각에 속하는 것이다.
>
> ―『주자어류』 권40

그러나 노자와 장자를 함께 언급했다고 해서 증점이 비유
가적인 데로 완전히 빠져버린 것은 아니다. 그렇기 때문에 주

자는 "그가 아직은 노장의 상태에 이르지는 않았지만, 다만 결국에는 그가 노장으로 흘러 들어갈까 염려스럽다"라고 말한 것이다(『주자어류』 권40).

한편, 주자는 『논어』 속에서 증점이 보여준 태도에 대하여 다음과 같이 평하기도 하였다.

> 그 뜻을 보니 봉황이 천 길 높은 곳으로 비상하는 기상이 있다. 『장자』 속에 '맹자반이 금장을 장사지내는 곁에서 거문고를 뜯거나 노래를 하였다'라는 이야기가 들어 있는데, 증점 또한 이런 부류이다. 만약 성인에게 의지하지 않았다면 곧장 노자와 장자에게 휩쓸려갔을 것이다.
>
> ―『주자어류』 권27

그런데 『장자』 「대종사」에서는 자상호가 죽었을 때 맹자반과 자금장이 노래를 지어서 거문고를 뜯으며 목소리를 맞추어 노래하는 것으로 나온다. 그렇기 때문에 여기서의 인용은 아마 기록자나 주자의 착각인 듯하다. 여기서 주자는 먼저 『장자』 첫머리에 나오는 거대한 새인 '대붕'을 연상시키는 듯한 표현으로 증점을 평하였는데, 이 말은 표면적으로만 보면 증점의 드높은 기상을 칭찬한 것 같지만 이 말에 이어서 나오는 말을 보면 역시 경계인으로서의 사상적 불안정성을 지적한 셈이 된다.

그렇다면 주자는 장자를 어떠한 인물로 평가하면서 증점과 비교하였는가? 주자는 기본적으로 증점의 행동방식이 장자와 비슷하다고 보았으나, 다만 장자만큼의 거칠 것 없는 자유분방함에는 이르지 않은 것으로 보았다(『주자어류』 권40). 그리고 장자가 세상사에 별다른 가치를 두지 않고 가벼이 여기는 것을 유감스럽게 생각했지만, 그가 높은 경지를 본 것은 인정했다(『주자어류』 권40). 그렇기 때문에 주자는 도가의 인물인 장자에 대해서 일방적으로 비판하지 않고, 오히려 긍정적인 평가를 하기도 했다. 장자에 대한 주자의 긍정적인 평가는 다음의 글에서 분명하게 확인할 수 있다.

주자는 "증점은 다만 보았을 뿐이지 요순의 일을 반드시 할 수 있는 것은 아니다. 맹자의 이른바 '광사'는 그 행함이 말한 것을 따르지 못한 자이다. 증점이 본 경지는 바로 요순의 기상이 있다. 장자의 경우에도 역시 요순의 기상을 본 것이 분명하다"라고 말씀하셨다. 어떤 사람이 천하를 다스리는 제왕의 마음 씀씀이는 어떠한지를 묻자 곧 "(『장자』「천도」에서) '하늘은 본래 그대로 이루어져 있고 대지는 안정되어 있듯이, 해와 달은 빛나고 사계절은 순조롭게 운행되듯이, 낮과 밤에 일정한 규칙이 있고 구름이 흘러 비가 오듯이 한다'라고 하였으니, 이로써 장자가 요순의 기상을 보았다는 것을 알겠다. …"라고 말씀하셨다.

－『주자어류』 권40

장자는 도가의 인물이다. 따라서 유가의 입장에서는 비판의 대상이 되는 이단인 것이다. 그러한 측면을 고려하면 주자의 관점은 흥미로운 것이다. 예컨대 '장자가 요순의 기상을 보았다'는 표현은 주자가 장자를 얼마만큼 긍정적으로 평가하였는가를 잘 알 수 있게 하는 말이다. 더구나 이것은 증점에게도 그대로 적용되는 평가이다. 주자는 그런 한편으로 장자의 문제점도 놓치지 않았다. 그렇다면 장자에게는 어떤 문제점이 있는가?

　　증점은 대체로 장자와 같다. 명도 역시 장자를 일컬어 '커다란 생각이 있다'고 말씀하셨고, 또한 '장자가 도의 본체를 형용한 것은 참으로 훌륭한 곳이 있다'고도 말씀하셨다. 소강절의 만년의 생각도 바로 이와 같으니, 변화하는 세상사와 관련해서 크게 보았다. 증점은 큰 뜻은 보았으나 그 아래의 공부는 허술하였다. 명도 역시 '장자는 예의도 근본도 없다'라고 말씀하셨다.

　　　　　　　　　　　　　　　　　　　　　　　-『주자어류』권40

　　여기서 장자의 문제점으로 지적된 것은 사회적 실천과 관련된 공부의 부족이다. 증점에게서 그러한 공부의 허술함으로 지적된 것이 장자에게는 '예의도 근본도 없다'는 말로 표현되었다. 주자는 이와 관련해서 '만약 단지 이와 같이 소홀하게 공부하면 결국 이러한 잘못된 것이 노장으로 흘러 들어갈 따름이며', '공자의 문하에서 그 식견이 높은 것으로 평가되는 증점조차도 그 이후의 성취가 어떠한지 알 수 없게 되고', 마침내 '광사로 일컬어지게 된다'고 보았다(『주자어류』 권40). 그런데 중국 청대의 고증학자인 최술(1740~1816)은 『수사고신록』[15]에서 "「선진」편의 <시좌장>은 글의 체제가 조금 이채롭고, 말의 의미가 또한 장자와 유사하다"라고 주장하면서, 이 부분이 본래의 『논어』에 포함되기 어렵다는 관점을 제시하였다(『수사고신록』 권4). 그의 이러한 주장이 목표로 삼는 것은 주자와 다르지만, 적어도 <시좌장>에서 장자와 유사한 측면이 있다고 파악한 점에서는 주자와 견해를 달리하지 않는 듯하다.

주자는 또한 열자라는 인물을 장자와 함께 거론하면서 증점과 비교하였는데, 내용면에서는 대체로 장자의 경우와 별다른 차이가 없다. 본명이 열어구인 열자는 중국의 전국시대 초기에 활동한 도가 계열의 사상가이며, 노자 및 장자와 더불어 도가사상을 확립시킨 인물로 인정받고 있다. 또한 도가의 경전인 『열자』의 저자로도 전해지고 있다. 그런데 흥미로운 것은 주자가 장자뿐만 아니라 열자 역시 유가와 관계가 있다고 주장한 점이다.

---

[15] 최술(崔述)의 대표적인 저술은 요순부터 공자에 이르기까지의 관련 기록을 엄밀하게 고증한 『고신록(考信錄)』(36권)인데, 그 일부인 『수사고신록(洙泗考信錄)』과 『수사고신여록(洙泗考信餘錄)』은 공자와 그 제자들의 행적을 실증적으로 규명한 청대 고증학의 대표적인 저술이다. 수사(洙泗)는 공자의 고향인 곡부 지역을 흐르는 두 강인 수수(洙水)와 사수(泗水)를 가리키는데, 그렇기 때문에 공자의 학문을 '수사학'이라고도 부른다.

장주와 열어구 역시 증점의 생각과 비슷한데, 그들은
오로지 노자만을 배운 것이 아니라 유가의 글도 모두 보
았다. 그렇다면 그들이 사물에 대해서 환하게 보았는데도
어찌하여 제멋대로 살아가게 되었는지 알지 못하겠으며,
오늘날 선학이 그와 같다.

-『주자어류』 권117

　주자가 장자와 유학의 연관성을 언급한 것은 앞에서 이미
살펴보았는데, 열자의 경우도 거기에 해당한다. 그런데 주자
는 장자와 열자의 행태를 불교의 선학 즉 선불교에 비유함으
로써 끝내 성인의 문하에 머문 증점과 결정적인 차이점이 있
다는 점을 분명하게 보여주었다.

(2) 소강절과 비교하다

　소강절 곧 소옹(1011~1077)은 주돈이, 장재, 이정 형제(정호 및
정이)와 함께 '북송의 다섯 선생(북송오자)'으로 지칭되면서 북송의
도학을 주도한 인물이다. 그런데 그는 북송시기 유학자 중 도
가(도교)와의 사상적 연관성이 가장 많은 인물로 지목되고 있
다. 그렇기 때문에 소강절과 증점과의 비교 역시 노장 계열의
비교와 그 내용적 측면에서 대동소이하다.

　　(증점은) 소강절과도 같으니, 소강절은 다만 이와 같이
　　(큰 도리를) 보았으나 곧 이러한 것을 가지고 크게 희롱

할 뿐 다시 세밀한 공부를 더 하지 않았다.

-『주자어류』 권40

어찌 보면 증점과 서로 닮은꼴인 소강절에 대해서 주자는 "소요부(소강절)은 호걸지사인데, 그 근본이 확고하게 자리 잡고 있지 않았다"라고 평하였다(『주자어류』 권40). 여기서 근본이 확고하지 않다는 것은 유학의 본령을 제대로 지키지 않는다는 의미로 해석할 수 있다. 주자가 여조겸과 함께 북송오자와 관련된 글을 정선하여 『근사록』을 편찬하면서 유독 소강절만을 제외한 이유도 이러한 상황과 무관하지 않을 것이다. 이와 같이 소강절 역시 사상적 측면에서 증점과 마찬가지로 경계인의 면모를 보여주었다.

(3) 불교 및 노자와 비교하다

증점은 불교 및 노자와 비교될 경우에도 세밀한 공부가 결여되었다는 이유로 불교나 노자의 입장과 유사한 것으로 평가받게 된다.

증점은 타고난 자질이 높아서 그러한 큰 것을 보았으나 자잘한 공부를 하는 것을 달갑게 여기지 않았다. 그는 본래 한번 보면 곧 깨달았고, 자세하고 구체적인 공부는 도리어 결여되어 있었으니, 후세의 불교나 노자에 가깝다. 다만 불교나 노자는 세상에 기여함이 없는 잘못된 일만을 할 따름이다.

－『주자어류』 권40

앞서 말했듯이, 증점의 경우에는 타고난 훌륭한 자질이 긍정적으로만 작용한 것이 아니라 오히려 끊임없는 노력을 통해서 보다 치밀하게 공부하는 일을 등한시하게 한 요인이 되었다. 그럴수록 그가 아는 것과 실천하는 것의 간격이 넓어져서 점점 더 공허해질 수 있으며, 결국 그러한 것 때문에 불교나 노자에 더욱 근접한 상태로 보일 수 있다. 그나마 불교나 노자에 비해서 유리한 점은, 증점의 경우에는 여전히 유가적 영역에 머물러 있기 때문에 회복할 기회가 남아 있다는 사실이다. 주자가 "증점의 학문은 성인에게 귀의하지 않았다면 곧 불교나 노자에게로 가버렸을 것이다"라고 말한 것은 그러한 사정과 관련되어 있다(『주자어류』 권41). 그렇기 때문에 증점은 유가적 정체성을 유지하기 위해서 힘써 공부해야 할 상황에 처해 있다.

증석의 경우에는 모름지기 실천의 공부를 더 해나가야 비로소 제대로 터득하게 된다. 만약 더 이상 공부를 하지 않는다면 곧 불교와 노자 쪽으로 들어가게 된다.

－『주자어류』 권40

거센 물살 속에서 물고기는 거슬러 올라가려는 몸부림을 쳐야만 적어도 떠내려가지는 않는다. 그냥 그 자리에 가만히 있게 되면 곧장 아래로 떠내려가게 된다. 증점에 대한 이와 같은 주자의 평가는 증점에게만 해당하는 것이 아니라 공부와 관련해서 후대의 모든 유학자에게 보내는 주자의 경고이기도 하다.

(4) 불교와 비교하다

증점과 불교를 연계시켜 비교하면서 주자는 증점의 일반적인 인식 경향과 태도가 불교와 유사한 점이 있다는 것을 지적하였다.

정자께서 '증점과 칠조개는 이미 큰 뜻을 보았다'라고 말씀했을 때의 증점은 단지 그 대강의 생각을 보았으며, 세밀한 곳까지 반드시 이해한 것은 아니다. 예컨대 천병만마의 대군이 있다고 할 때 증점은 다만 그 전체를 보았지 그 중의 대오를 반드시 안 것은 아니다. 예컨대 부처는 본 것이 없다고 말할 수는 없지만, 그는 단지 아직 구분되지 않는 큰 도리만을 보았지 정밀하고 자세한 세부 사항에 이르러서는 곧 반드시 안 것은 아니었다. 군신·부자·부부·형제와 관련된 도리가 생겨난다는 것은 알지만, (『대학』에서) '임금이 되어서는 인에 머물고, 사람의 신하가 되어서는 경에 머물고, 사람의 자식이 되어서

는 효에 머문다'라고 한 구체적인 사항에 이르러서는 반
드시 안 것은 아니다.

-『주자어류』 권40

여기서는 불교를 비판하는 주자의 기본입장이 드러나고 있
다. 주자가 보기에 불교의 가장 큰 문제점은 무엇보다도 인륜
에 대한 세밀하고 구체적인 인식이 부족하여 사회적 실천에
취약하다는 점이다. 그리고 이러한 종류의 비판에서 증점 역
시 완전히 자유로울 수 없다는 것이 주자의 관점이기도 하다.

왕양명, 증점을 말하다

명대에 들어서면 다시 유학에서 일대 변혁이 일어나는데,
이러한 흐름을 주도한 인물이 왕수인(1472~1529) 곧 왕양명이
다. 왕양명은 표면적으로는 주자와 자신의 사상적 연계성을
강조하였지만, 객관적인 측면에서 말한다면 그는 주자와 대립
되는 새로운 유학을 주창함으로써 유학의 역사와 내용을 더
욱 풍요롭게 만들었다고 평가할 수 있다. 그런데 이러한 왕양
명의 새로운 유학 곧 양명학을 시대에 앞서서 미리 길을 닦아
놓은 인물이 있었다. 그가 바로 주자의 학문적 라이벌인 같은
남송시대의 육구연(1139~1193) 곧 육상산이다. 그렇기 때문에

그러한 새로운 유학을 육왕학이라고도 부른다. 그런데 육상산과 왕양명의 학문적 친연성은 증점에 관한 관심을 통해서도 확인할 수 있다. 먼저 육상산의 어록을 통해서 증점에 대한 육상산의 관심이 어떠한가를 확인해 보자.

광동지방의 학자인 진거화는 사물에 대하여 잘 헤아리고 그 의미를 표현하는 것이 훌륭하고 뛰어났다. 내가 그런 연유로 해서 '오여점야' 곧 '나는 증점과 함께 하리라'는 부분에 대해서 어떻게 이해하는가를 물었는데, 여러 번 질문해도 진거화는 끝내 이해하지 못한다고 여겼다. 어느 날 또 질문하니 진거화는 또 이해하지 못한다고 말했다. 그래서 내가 말하기를, "네가 아는 것을 말하면 된다. 아직 온전하게 깨닫지 못했다고 하지 말라"고 하니, 진거화는 마침내 "제가 아는 것에 근거해서 말한다면, 세 제자는 다만 현실의 일에서부터 착수했다면 증점은 도리어 자신의 마음속에서부터 착수했습니다"라고 말했다. 내가 꾸짖으며 "이전에는 이해하지 못한다고 말하더니 이제야 이해했구나"라고 말하니, 진거화는 명확하게 깨닫고는 머리를 깊이 숙여 절하였다.

–『상산선생전집』 권34 「어록 상」

이와 같이 육상산은 제자를 깨우치기 위한 실마리로 활용할 만큼 『논어』에 나오는 증점과 관련된 부분에 대해 깊은 관심을 갖고 있었다. 그런데 현대의 중국학자인 린지핑(임계평)은 그의 저서 『육상산연구』에서 위의 문장을 인용하면서 『논어』 「헌문」에 나오는 '위기지학' 곧 자신을 위한 공부와 '위인지학' 곧 다른 사람을 위한 공부라는 범주를 적용하여 증점과 나머지 세 제자의 차이점을 분석하였다. 그 내용을 살펴보면 다음과 같다.

'나는 증점과 함께 하리라'하는 이 한 문장은 육상산과 왕양명이 가장 즐겨 인용한 말이다. 육상산과 왕양명의 관점에서 본다면, 자로·염유·공서화 세 사람은 비록 위인지학을 말하고 있지만, 다만 현실적인 삶과 관련된 일에서 다른 사람을 위한 생각을 한 것이다. 이와 같이 다른 사람을 위한다는 것을 제외하면 자신을 위한다는 것은 없게 된다. 그러므로 진거화는 "세 제자는 다만 현실의 일에서부터 착수했다"고 말한 것이다. 그러나 증점은 그렇지 않다. 증점의 위인지학은 위기지학에 기초를 두고 있다. 먼저 자신의 본래 마음을 밝히고 나서 다시 각 단계의 공부를 연마하여, '성인이 지나가는 곳은 그 곳의 백성이 그의 덕에 교화되고, 그가 있는 곳에서는 그 덕화가 신묘하여 헤아릴 수 없다'(『맹자』), '도를 벗어나서 사물이 없고 사물을 벗어나서 도가 없다'(육상산)는 경지에 도달한다. 이와 같이 하면 위기지학과 위인지학은 하나로 융화되어, 위인지학을 말하면 저절로 위기지학의 영역도

아우르게 되고 위기지학을 말하면 또한 위인지학의 영역
도 아우르게 된다. 바꾸어 말하면, 위인지학의 현실적인
삶과 관련된 일을 제외하면 그러한 현실적인 삶과 관련
된 일과 긴밀하게 수반되어 분리되지 않는 위기지학의
영역이 남게 된다. 그러므로 진거화는 "증점은 도리어 자
신의 마음속에서부터 착수했다"라고 말한 것이다. 진거
화는 이때 본래의 마음을 밝히는 첫 단계의 공부를 따랐
으니, 이것은 곧 증점의 사업(즉 성인의 사업)의 출발점이
되는 것이다. 그러므로 진거화가 말한 것에 대해서 육상
산이 수긍한 것이다. 간단히 말하면 자로 등 3인은 단지
현실적인 삶과 관련해서만 공부를 하였고, 증점은 오히려
한 걸음 더 나아가서 자신의 본래 마음에서부터 공부하
였다. 그러므로 공자는 '나는 증점과 함께 하리라'고 말
한 것이다.

- 『육상산연구』, 186~187쪽

세 제자가 그저 자신 밖의 현실적인 삶과 관련된 공부에만
머물러 있었던 반면에 증점은 자신의 본래 마음을 밝히는 데
서 시작하기 때문에 오히려 성인의 사업으로 나아가는 공부
까지 할 수 있게 되었다는 것이다. 요컨대 증점은 위기지학과
위인지학을 겸비했기 때문에 위인지학에 머문 다른 세 제자
들과는 차원이 다른 공부를 한 인물로 해석한 것이다. 증점에
대한 이러한 긍정적인 해석은 주자보다 한 걸음 더 나아간 것

으로 볼 수 있다. 육상산과 관련해서 또 한 가지 흥미로운 점은, 육상산이 증점과 관련된 『논어』의 예화를 바탕으로 이정 형제의 성품과 학문의 차이점을 지적했다는 사실이다.

> 이정 형제가 주렴계를 만나 본 후 아름다운 자연의 경치를 시로 노래하며 즐기면서 돌아갔는데, 공자께서 증점에게 공감한 뜻을 간직하고 있었다. 나중에 형인 정명도는 이러한 뜻을 여전히 간직하고 있었으나 동생인 정이천은 이미 이러한 뜻을 잃어버렸다.
>
> −『상산선생전집』 권34 「어록 상」

내면의 주체적인 수양을 중시하는 형인 정명도의 학문이 육상산과 왕양명의 학문 곧 육왕학(양명학)에 보다 친화적인 측면을 내재하고 있다면, 경전이라는 자료를 바탕으로 한 객관적인 학문 방법을 중시하는 동생인 정이천의 학문은 보다 직접적으로 주자학의 성립에 결정적인 영향을 끼쳤다고 평가할 수 있다. 그 때문인지 육상산과 왕양명은 정명도의 학문에 대해서는 높이 평가하였으나, 상대적으로 정이천에 대해서는 비판적인 입장을 견지하였다.

이제 증점에 대한 왕양명의 생각을 살펴보기로 하자. 왕양명과 관련된 가장 중요한 저술인 『전습록』을 보면 증점에 대해서 왕양명이 갖고 있는 생각을 헤아려 볼 수 있다.

선생께서 "성인의 학문은 그렇게 얽매여 괴로워하는 것이 아니며, 도학적인 겉모양을 꾸미는 것이 아니다"라고 말씀하셨다. 제자인 왕여중이 "공자께서 증점이 (자신이 품은) 뜻을 말할 것을 허락하신 장을 살펴보면 대략 알 수 있습니다"라고 말했다. 선생께서는 "그렇다. 그 장을 통해 살펴보건대, 성인께서는 어쩌면 그토록 관대하고 포용성 있는 기상을 지니고 계셨던가! 게다가 스승이 여러 제자들에게 품은 뜻을 묻자, 세 제자는 모두 몸가짐을 단정히 하고 대답했으나, 증점의 경우는 초연히 그 세 사람을 안중에 두지 않고 스스로 비파를 타고 있었으니, 이 얼마나 거리낌 없이 자유분방한 태도(광태)인가! 품은 뜻을 말할 때도 스승이 제기한 구체적인 물음에 대답하지 않았으니, 모두 거리낌 없이 자유분방한 말(광언)이었다. 만약 정이천이 있었다면 아마도 그를 질책했을 것이다. 그러나 성인께서는 오히려 그를 칭찬하셨으니, 이것은 어떠한 기상인가! 성인은 사람들을 가르칠 때 그들을 속박하여 모두 똑같이 만들지 않으셨다. 다만 뜻이 높고 분방한 사람(광자)의 경우는 곧 분방한 곳으로부터 그를 성취시켰고, 뜻을 지켜서 하지 않는 일이 있는 사람(견자)의 경우는 지키는 곳으로부터 그를 성취시켰다. 사람의 재능과 기질이 어떻게 같을 수 있겠는가?"라고 말씀하셨다.

-『전습록 하』

왕양명은 증점이 보여준 자유분방한 광자의 경지와 그러한 증점을 허용한 공자의 기상을 매우 긍정적으로 평가하였다. 특히 여기서 정이천에 대해 비판적으로 묘사한 것은 곧 주자에 대한 간접적인 비판으로도 읽을 수 있다. 정이천과 주자의 학문적 친화성은 주자학을 때로는 정주학이라고 부르는 데서도 확인할 수 있다. 이러한 데서 또한 정주학과 양명학의 차이점이 드러난다. 이와 같이 '광자'에 대한 왕양명의 긍정적인 해석은 주자보다 더 적극적인 것이었다.

> 광자는 옛 사람에 뜻을 두고 일체의 혼란스러움과 속된 오염이 그 마음에 누가 되지 못하니, 진정 봉황이 수천 길 위에서 빙빙 돌며 나는 뜻이 있어 한번 마음을 잡으면 곧 성인이다. 마음을 잡지 못한 까닭에 현실적인 문제를 경시하고 행동이 늘 말에 부합되지 못하는 것이다. 오직 행동이 말에 부합되지 못했을 뿐이니, 그러므로 마음은 아직 무너지지 않아서 성인의 경지로 들어가도록 이끌 수 있다.
>
> -『전습록상주집평』「전습록습유」

'광자'는 성인은 아니지만 보통 사람의 경지를 훨씬 넘어선 존재여서 성인과의 거리가 이미 멀지 않은 존재이다. 그렇기 때문에 마음을 잡는 노력만 더하면 곧장 성인의 경지에 도달할 수 있다. 이와 같이 왕양명은 '광자'를 '성인'과 곧바로 연결시키고 있는데, 이것은 주자와 비교하면 '광'의 경지를 한

층 더 높이 평가한 것으로 볼 수 있다. '광'에 대한 왕양명의 이러한 평가는 곧 증점에 대한 높은 평가로 연결되는데, 이 점은 다음과 같은 그의 말을 통해서 다시 확인할 수 있다.

　어떤 이가 "공문에서 뜻을 말할 때 자로와 염구가 정치를 맡으려 한 것과 공서적이 예악을 맡으려 한 것은 매우 실용적이지만 증점이 말한 내용은 도리어 노는 듯한 일 같은데, 공자께서 오히려 그를 인정하신 것은 무슨 까닭입니까?"라고 물었다. 선생께서는 "이 세 사람은 의도하고 반드시 이루려는 뜻이 있다. 의도하고 반드시 이루려고 하면 한쪽에 치우쳐서 집착하게 되니, 이것을 잘한다고 해서 반드시 저것도 잘할 수 있는 것은 아니다. (반면에) 증점의 그러한 뜻은 도리어 의도하고 반드시 이루려는 뜻이 없으니, 곧 '현재의 위치에 따라 행하고 그 밖의 것을 원하지 않는다. 이적의 땅에 살 때는 이적에 알맞도록 행하고, 환난에 처해서는 환난에 알맞도록 행하여 어디를 가든 스스로 깨닫지 않음이 없다'는 것이다(『중용』). 세 사람은 (공자의) 이른바 '너는 그릇이다'에 해당하며(『논어』 「공야장」), 증점에게는 곧 '(군자는) 그릇이 아니다'라는 의미가 깃들어 있다(『논어』 「위정」). 그러나 세 사람의 재주는 각각 탁월하고 우수하였으니, 세상에서 빈말만 하고 실질이 없는 자들과는 같지 않았다. 그래서 공자께서는 그들도 역시 모두 인정하셨다"라고 말씀하셨다.

-『전습록 상』

그릇은 제각기 쓰이는 용도가 있기 때문에 제한성을 가진다. 그러나 군자는 한 가지 재주나 기예에 국한되지 않고 전반적인 역량을 두루 갖춘 존재이기 때문에 공자는 '군자는 그릇이 아니다'라고 말했다. 왕양명은 집착함이 없기에 어떤 장애나 막힘도 없어서 어디를 가든지 스스로 깨닫는 경지에 도달한 증점을 '중용의 덕을 갖춘 군자'로 평가하였는데, 이러한 왕양명의 증점 해석은 유학사를 통해 볼 때 증점에 대한 최상의 긍정적인 평가라고 말할 수 있다. 이제 여기에 덧붙여서 왕양명이 증점의 아들인 증자를 어떻게 평가했는지를 잠깐 살펴보면서 이 절을 끝맺도록 하겠다.

（제자가） "공자께서 비록 광자와 견자를 생각하셨지만, 도를 전할 때는 금장의 무리에 미치지 않고 증자에게 전하여 익히게 했는데, 어찌 증자가 광자와 견자이겠습니까?"하고 물었다. (선생께서는) "그렇지 않다. 금장의 무리는 광자의 기품을 지녔다. 비록 얻은 것이 있었으나 끝내 광자에 머물렀다. 증자는 중행의 기품을 지녔다. 그러므로 성인의 도를 깨달아 들어갈 수 있었다"라고 대답하셨다.

-『전습록상주집평』「전습록습유」

왕양명은 증자가 중행의 기품을 지녀서 공자의 도를 전수받은 인물로 평가하였다. 증자에 대한 왕양명의 이러한 평가는 증점에 대한 평가를 훨씬 능가하는 것이다. 이러한 측면에서 본다면 증자에 대한 왕양명의 평가는 주자의 평가와 별반 다를 바가 없다. 그러므로 유학의 도통과도 연관된 이 문제만큼은 신유학의 두 거인이 관점을 공유한 것으로 볼 수 있다. 그런데 왕양명의 평가는 공부의 과정이라는 측면보다는 결과에 초점을 맞춘 것 같다. 왜냐하면 증자는 점진적인 노력을 통하여 성취한 경우이므로 공부의 방법론에서 볼 때 왕양명의 직관적인 입장과 반드시 일치하지는 않기 때문이다.

주자와 왕양명, 증점을 다르게 말하다

증점에 대한 주자와 왕양명의 해석 차이를 그들의 학문과 사상의 기본 특징을 고려하여, '경계하고 삼가는 일(계신)과 공경하고 두려워하는 자세(경외)를 강조하는 주자학에서는 증점의 광자의 기상을 부정적으로 평가하는 반면에, 조화로움과 즐거움 그리고 쇄락의 정신 경계를 중시하는 양명학에서는 증점의 기상을 긍정적으로 평가한다'라고 간단하게 이분법적인 방식으로 정리하여 말하는 경우도 있다(왕수인, 『전습록 1』, 154쪽 <해설>). 하지만 앞에서 살펴본 것처럼 주자는 '광자'인 증점에게서 부정적인 측면뿐만 아니라 증점에게 내재된 긍정적 측면도 배제하지 않고 명확하게 지적하였다. 주자의 관점에 대해서 굳이 부정적 평가와 긍정적 평가의 비중을 논한다면 보는 관점에 따라서는 오히려 긍정적 평가에 좀 더 비중을 두고 있는 것처럼 보일 수도 있다. 그렇지만 부정적 평가의 의미를 가볍게 보아서는 안 된다. 주자는 다음과 같이 말하기도 하였다.

'무우에서 바람 쐬고 읊조리고 돌아오는 일'만 거론한다면, 그것은 단지 사계절의 경치에 대한 이야기일 뿐이니, 『논어』에서 어찌 허다한 일들을 말할 필요가 있었겠는가? 전날 강서의 어떤 벗이 방문하여 (증점이) 즐긴 경지를 찾으려 한다고 했는데, 나의 경우는 '스스로 찾아나서서 아주 고달픈 곳을 찾아낸다면' 그것이 좋은 소식이다.

－『주자어류』 권117

증점과 관련해서 전체 맥락을 살피지 않고 한쪽으로만 치우쳐서 받아들이는 일을 경계한 것이다. 또한 "증점의 경지는 배울 수 없다. 그는 우연히 이러한 경지를 볼 수 있었던 것이고, 공자 역시 한때 그가 이렇게 말한 것이 또한 당신을 흔쾌하게 만들었기 때문에 인정하신 것일 뿐이다. 그러므로 이제 사람들이 그를 배우려고 한다면 어이없는 짓이다"라고 말한 적도 있었다(『주자어류』 권40). 물론 이러한 말은 증점에 대하여 지나치게 열광하는 풍조를 경계하는 의미로 해석할 수도 있지만, 기존의 긍정적인 평가를 결정적으로 제어하는 실마리가 될 수도 있다. 그렇기 때문에 이러한 측면을 적절히 종합하여 파악하지 않는다면 증점에 대한 주자의 평가를 온전히 이해했다고 말하기는 어려울 것이다. 왕양명의 경우도 마찬가지이다. '광자'에 대한 찬사를 보낸 그이지만 다음과 같이 말하기도 하였다.

> 그러나 이 뜻만 얻고 실천을 더해서 정미한 곳에 들어가는 일을 하지 못하면 점점 세상일을 경멸하고 윤리적인 문제를 소홀히 하는 병통을 가지게 되어, 비록 세속의 용렬하고 하찮은 사람들과는 다르다 해도 도에 들어가지 못했다는 점에 있어서는 마찬가지이다. 그래서 공자는 진나라에 계시면서도 (노나라로) 돌아가 바로잡아 도에 들어가게 하려고 하신 것이다. (나는) 강학할 때 제군들이 이 뜻을 얻지 못할까 걱정이다. 그러나 지금 다행히 이 뜻을 파악했으니 바로 정밀하게 들어가고 힘써 나아가야지, 한번 보고는 스스로 만족해서 '광'에 그쳐서는 안 된다.
>
> ─『양명전서』 권34 「연보」

왕양명은 '광자'에 대한 적극적인 해석을 바탕으로 증점을 긍정적으로 평가했지만, 주자와 마찬가지로 다른 한편으로는

'광자'의 문제점과 한계를 지적하면서 경계의 말도 아끼지 않았던 것이다.

그렇다면 증점에 대한 해석과 관련해서 주자와 왕양명의 결정적인 차이점은 무엇일까? 왕양명의 다음과 같은 발언에서 그 실마리를 찾을 수 있다.

> (선생께서 말씀하셨다) "칠조개가 '나는 (벼슬하는 것) 그것에 아직 자신이 없습니다'라고 말하자, 공자께서 기뻐하셨다(『논어』「공야장」). 자로가 자고를 비 땅의 재상으로 삼자, 공자께서는 '남의 아들을 해치는구나'라고 말씀하셨다(『논어』「선진」). 증점이 뜻을 말하자, 공자께서 인정하셨다(『논어』「선진」). (이것을 통해) 성인의 뜻을 알 수 있다."
>
> ―『전습록 상』

증점과 관련해서 주자와 왕양명의 의견이 일치하는 지점은 증점이 그 말에 비해서 실천이 뒤따르지 못하는 문제점을 갖고 있다는 측면이다. 이와 같이 부정적 평가에서 의견이 합치되는 것과는 대조적으로 긍정적 평가에서는 서로 견해를 달리 한다. 주자는 '요순 기상', '요순 사업'과 같은 표현을 사용하면서 증점의 뜻에 내재된 사회적 실천의 큰 포부를 높이 평가했다. 그러나 왕양명의 경우에는 사회적 실천의 측면을 배제한 것은 아니지만, 그것에 앞서서 증점의 뜻에서 개인의 주체성과 자유를 강조하고 우선하는 측면을 읽어 내고, 이것을 매우 긍정적으로 평가한 것으로 볼 수 있다. 앞의 인용문은 이러한 자신의 해석을 뒷받침하기 위해서 왕양명이 『논어』에서 발굴한 사례로 볼 수 있다.

이제 여기서는 논의의 방향을 좀 바꾸어서 문학을 끌어들여 계속 진행해 보자. 이 경우에 먼저 다음과 같은 질문을 던질 수 있다. 그렇다면 주자와 왕양명은 문학적인 측면에서는 어떠한 차이점이 있을까? 이러한 질문이 성립될 수 있는 이유는, 유학자가 자신의 사상을 드러내는 방식 중에는 문학의 형식을 활용하는 경우도 있기 때문이다. 오늘날 분과학문으로 존재하는 문학·역사·철학이 옛 학문에서는 통합적인 방식으로 존재했다는 점을 상기한다면, 이러한 일은 자연스러운 것으로 볼 수 있다. 관련 학계에서 이루어진 한 연구를 살펴보면, "왕양명은 철학적인 측면에서 주자학을 비판하였지만 문학에 있어서는 동일한 보조를 취하였다. 그것은 육상산이 정주이학을 반대하면서도 문학관에 있어서는 그다지 큰 차이가 없는 것과 같다"라고 평가한 것이 있다(박석, 『송대의 신유학자들은 문학을 어떻게 보았는가』, 234쪽 주 53). 또한 기본적으로 "신유학자의 문학관은 정도의 차이는 있지만 대체로 문학에 대해 부정적인 입장을 지니고 있으며 문학 외적 요소인 의리나 도덕 등을 지나치게 강조하는 경향이 있어, 전반적으로 보아 문학의 건전한 생명력을 고갈시키는 부정적인 역할을 하였다"

고 평가하였다(박석, 『송대의 신유학자들은 문학을 어떻게 보았는가』, 223쪽). 그래서일까? 한 가지 흥미로운 사실은 주자와 왕양명의 경우에 증점과 관련된 『논어』의 예화를 소재로 한 문학 작품이 그렇게 많지 않다는 점이다. 주자의 경우에는 편지나 어록 등을 통해서 증점과 관련된 많은 철학적 논의를 펼쳐보였으나 문학 방면으로는 「증점」이라는 제목의 시 이외에 다른 문학 작품을 찾아보기가 어렵다. 그렇다면 여기서 주자의 시 「증점」을 감상해 보자.

> 봄옷 갓 이루어졌으나 고운 경치 더디기만 하여
> 흐르는 물 따라 걸으며 맑은 잔물결 즐기네.
> 나지막이 느린 곡조 읊조리다 저녁 되어 돌아오며
> 산들바람 얼굴 스치며 불어오는 대로 내맡기네.
>
> ─『주자대전』 권2 「증점」

이 시는 봄날에 유유자적 소요하고 있는 증점의 모습을 매우 서정적인 문장으로 묘사하고 있다. 그렇기 때문에 한 폭의 산수화를 감상하는 담백한 기분을 느낄 수 있다. 이 시에서 구태여 그 이상의 어떤 '심오한 뜻'을 찾는 것은 그다지 의미 있는 일로 보이지는 않는다. 그렇기 때문에 오히려 앞에서와 같은 신유학자의 문학관에 대한 비판의 화살을 비껴갔다고 볼 수 있다. 그렇다면 왕양명의 경우에는 어떠할까? 왕양명도 증점을 등장시킨 시를 쓴 것이 있다.

　　가을 밤 어디서나 달은 밝은데
　　어느 곳에 또 이렇게 빼어난 인물들 모여 있는가.
　　안타깝도다, 공자의 가르침이 끊어진 채 천여년 흘러
　왔으니
　　대장부 한 평생을 헛되이 보낼 수 있겠는가.
　　그 영향이 의심스러운 것은 주회암의 학문이요
　　정강성의 지루한 경학이면 부끄러운 일인 걸.
　　봄바람 속에 뎅그렁 소리 내면서 비파를 내려놓으니
　　증점은 광자이지만 내 심정을 얻었도다.
　　　　　　-『양명전서』권20 「달밤에 시 두 수를 짓다(월야이수)」

　왕양명이 53세 때인 1524년 어느 가을밤에 왕양명은 100여
명의 제자들과 모임을 가졌는데, 이때에 그 즐거움을 표현한
즉흥시 두 수를 지었다. 앞에서 인용한 시는 그 중 두 번째
시이다. 왕양명은 이 시 속에서 '나는 증점과 함께 하겠다'라
고 한 공자의 뜻을 자신이 올바르게 이어나가겠다는 포부를
밝히면서, 송나라의 주자의 성리학과 한나라의 정현의 경학을
공개적으로 깎아내렸다. 이러한 비판을 통해 왕양명은 자신의
'심학'이 주자학이나 한나라의 경학과 본질적으로 차이가 있
다는 점을 분명하게 드러낸 것으로 보인다. 특히 이 시의 끝
에 나오는 두 개의 구가 이 시의 화룡점정에 해당한다. 여기

서 왕양명은 증점의 '광'이 왕양명 자신의 가슴 속에 품고 있는 포부를 가장 잘 드러냈다고 찬탄하였다. 그런데 이 시는 형식면에서는 문학이지만 내용면에서는 이념적이고 사상적인 문제를 담고 있기 때문에 신유학자의 문학관을 보여주는 전형적인 사례라고 말할 수 있다. 그 사상적 특징과 공부 방법을 생각한다면 왕양명이 좀 더 문학적이고 주자는 오히려 그렇지 않을 것 같은데, 적어도 이 경우에는 서로의 위치가 바뀐 것 같기에 흥미로운 일이 아닐 수 없다.

조선의 유학자들, 증점을 말하다

중국으로부터 한국에 유학이 전래된 이후로 한국의 유학은 기본적으로 중국의 유학과 긴밀하게 연계되어 있다. 그렇기 때문에 중국유학에서 특정 주제와 경향이 관심거리가 될 경우 대체로 한국유학에서도 동일한 양상을 보여준다. 주자학이 한중 양국에서 주류 유학이 된 이후에는 그러한 흐름이 더욱 강해졌다고 말할 수 있다. 증점과 관련된 경우는 그러한 관계를 잘 보여주는 대표적인 사례 중 하나로 볼 수 있다.

증점과 관련된 『논어』 「선진」편의 예화는 한국에서 이미 통일신라 때 최치원(857~?), 고려 중기 때 임춘(생몰년 미상) 등의 여러 문인, 유학자들에 의해 글쓰기의 소재로 많이 활용되었다. 최치원의 경우에는 봄날에 길 떠난 벗을 생각하는 시를 짓는데 활용하기도 하였다.

봄바람에 백 가지 꽃이 피고 졌어도
마음은 유독 길게 늘어진 버들가지로 향하네.
변방 요새 돌고 도는 소무의 서한이요
지는 꽃 바쁘게 좇는 장주의 꿈이로다.
가는 봄 곧잘 핑계 대고 아침마다 취해도
헤어진 심정을 어찌 마디마디 헤아리리.
지금은 바로 기수에서 목욕하던 시절이니
백운향에서 노닐던 일 생각하면 애 끊어져.

-『고운선생문집』 권1 「모춘즉사 시를 지어 사신으로 간 벗
고운에게 화답하다(모춘즉사화고운우사)」

또한 "옛날 증석이 욕기의 뜻을 아뢰었지만 그 소망은 말로만 끝났다"라고 표현하기도 하였다(『계원필경』 권19 「초주의 행리를 맞으며 보낸 별지 또 한 편(영초주행리별지 우)」). 최치원은 여기서 증점이 실천까지는 이르지 못했다는 점을 간결하게 지적한 것이다. 이후 고려시대의 죽림칠현 중 한 사람인 임춘은 다음과 같은 시에서 증점을 언급하였다.

앞서 향교에 들어가 성인의 진영에 절하고
선비들의 격조 높은 모임에 가니 행단의 봄이로다.
다만 증점이 처음 봄옷을 마련한다했기에
공자께서 사람들을 잘 일깨우는 일을 볼 수 있었네.
강당에 오르는 수많은 훌륭한 선비들
자리를 가득 메운 손님들도 즐겁기가 그지없네.

이 늙은 선비는 오랫동안 유학이 사라짐을 탄식했지만
이름난 고을마다 예의가 새로우니 비로소 기뻐하노라.

—『서하선생집』권2「향교의 제생들이 모임에 초대함으로 시를
지어 사례함(향교제생견초회음 작시사지)」

유학의 기풍이 다시 살아나는 것을 기뻐하는 내용의 시 속에서 임춘은 증점이 자신의 뜻을 밝힌 것을 통해서 공자가 사람들을 얼마나 잘 이끌어주었는가를 보여준 것으로 해석하였다. 이것은 곧 교육 방면에서 공자가 탁월한 역량을 가졌다는 것을 보여준 하나의 사례로 증점이 거론된 경우이다.

주자에 의해서 증점에 대한 재해석 작업이 이루어진 결과가 이 땅에 알려진 이후로, 게다가 주자학을 국가의 기본 이념으로 받아들인 조선이 개국하면서 증점을 소재로 하여 글을 쓰는 경향은 더욱 확대되었다. 이와 함께 증점에 대한 조선 유학자들의 평가도 주자의 평가, 특히 주자의 긍정적인 평가에 좀 더 주목하는 것이 대체적인 흐름이 되었다. 그렇기 때문인지, 어떤 유학자의 기상을 긍정적으로 평가할 때도 증점과 연결시켜서 평가하는 경우가 드물지 않았다. 예를 들면, 조선 후기의 학자인 현석 박세채(1631~1695)는 신라에서 조선 중기까지 유학자들의 스승과 친구 관계를 밝힌 그의 저술『동유사우록』에서 조선 성리학자 중에 기 중심의 철학 체계를 주창한 대표적인 인물인 화담 서경덕(1489~1546)에 대하여 다음과 같이 묘사하였다.

소요하여 스스로 깨달은 것이 마치 세간을 벗어난 사람인 듯하였다. 말년에 이르러서는 그 마음의 바탕이 얼굴에 깨끗하게 드러나고 온몸에 가득하였으니, 모든 것에서 그 이치의 근원을 헤아려 미치는 곳마다 그 즐거움을 보았다. 늘 풍월을 읊조리니 '공자가 인정한 증점'의 기상이 있었다.

-『동유사우록』 권16 〈문강공 화담선생〉「행장」

또한 영남의 퇴계학파에 속하면서도 독창적인 성리설을 주창한 여헌 장현광(1554~1637)의 일상의 한 모습을 그의 문인은 다음과 같이 기록하기도 하였다.

매번 봄에 날씨가 따뜻하고 여름에 날이 개면 벗과 아이들을 데리고 물가에 가서 노닐었으며, 때로는 배를 타고 강물을 거슬러 올라가 술을 마시고 시를 읊고 돌아오시니, 기수에서 목욕하는 기상과 방불한 듯하였다.

-『여헌선생속집』 권9 〈부록〉「배문록」

이 땅에서 증점과 관련된 『논어』「선진」편의 예화는 인물에 대한 묘사에 활용되었을 뿐만 아니라 마을이나 정자, 누각 심지어 서원 등의 명칭을 붙일 때도 쓰였다. 예를 들면, 경남 함안에는 무기리라는 마을이 있고 경북 상주의 경천대에는 무우정, 경남 산청향교에는 욕기루, 전남 곡성에는 영귀서원

┃경상남도 산청향교의 욕기루. 누각의 현판에 쓰인 글자가 '욕기루'이다.

┃전라남도 곡성군에 있는 영귀서원

이 있으며, 이외에도 경남 함양의 안의에는 광풍루라는 누각
이 금호강변에 서 있는데, 그 북쪽에 점풍대와 욕기암이 있다
고 한다.[1] 이렇듯 그 예화에 들어 있는 글자를 활용한 여러

명칭들이 이 땅의 건축물이나 자연물에 꽤 많이 사용되었다.

이제 여기서는 조선시대를 대표하는 유학자들이 증점을 어떻게 평가하고 수용했는가를 특히 문학작품을 적극적으로 활용하여 살펴보고, 그것을 바탕으로 증점이라는 인물이 조선시대 유학에서 차지하는 위상과 의미를 추출해보고자 한다. 조선시대 유학 내부의 사상적 차이점을 명확하게 드러내기 위해서 여기서는 조선시대의 유학을 주자학과 비주자학 계열로 나누어서 그 계열의 유학자들이 각기 증점을 어떻게 평가했는가를 살펴보고자 한다.

조선의 주자학자들, 증점을 말하다

주자학은 조선의 체제유지 사상으로서의 지위를 조선시대 내내 유지하였다. 이러한 주자학의 시대 속에서 그 사회의 중심 역할을 수행한 조선의 주자학 계열 유학자들은 증점을 어떻게 평가하고 어떤 방식으로 수용하였을까? 여기서는 대체로 시간적인 순서에 따라서 주요 유학자들의 입장을 살펴보고자 한다.

주자학을 조선의 국가 이념으로 받아들이도록 하는데 가장

---

[1] 무기리(舞沂里), 무우정(舞雩亭), 욕기루(浴沂樓), 영귀서원(詠歸書院), 점풍대(點風臺), 욕기암(浴沂巖).

큰 역할을 한 인물이 바로 '조선 왕조의 설계자'인 삼봉 정도전(1342~1398)인데, 그는 경렴정이라는 정자와 관련된 글에서 증점에 대해 언급하였다.

> 황노직은 "주무숙의 마음이 상쾌하고 깨끗하여(쇄락) 비가 갠 뒤의 맑은 바람과 밝은 달(광풍제월)처럼 마음이 넓고 쾌활하니, 어디에도 얽매이지 않는 인품을 가졌다"고 말했으며, 정자(정명도)는 "주무숙을 만난 뒤로는 늘 중니(공자)와 안자(안회)가 즐거워한 것과 즐거워하도록 한 것이 무슨 일인가를 찾게 되었다. 이로부터 풍월을 읊으며 돌아오면서 '나는 증점과 함께 하겠다'는 뜻을 가지게 되었고"고 말했다. 내가 혼자서 가만히 생각하건대, 주렴계를 우러러 따르는 방법이 있으니, 모름지기 쇄락한 기상을 알아야만 하고, '증점과 함께 하겠다'는 뜻을 가진 후에야 그 경지에 이르렀다고 말할 수 있다.
>
> ─『삼봉집』 권4 「경렴정 명의 후설(경렴정명후설)」

이 글을 통해 볼 때 정도전은 주렴계의 쇄락한 기상이 바로 증점이 도달한 경지와 통한다고 보았다. 그렇다면 주렴계의 그러한 기상은 곧 요순의 기상으로 해석되는, 공자로부터 인정받은 증점의 기상인 것이다. 그렇기 때문에 증점에 대한 정도전의 평가는 증점에 대한 긍정적인 주자학적 해석 경향을 그대로 수용한 것으로 볼 수 있다. 이 글과 관련된 부수적인 설명을 조금 덧붙인다면, 경렴정은 14세기 후반 고려 말기의 문신인 경렴정 탁광무(1330~1410)가 낙향하여 세운 정자이다. 문헌상으로는 호남의 광주권에서 가장 이른 시기의 누정에 속한다. 탁광무는 우탁·이제현에게 배우고, 이색·정몽주·문익점·이숭인과 교유한 인물이다. 경렴정이란 정자 이름은 중국 북송 때의 도학자인 '주렴계(주무숙 곧 주돈이)를 우러러 기리고 따른다'는 뜻을 담고 있는데, 익재 이제현(1287~1367)이 붙여 준 것이라 한다. 그리고 문장 속에서 언급된 황노직(황정견)은 중국 북송 때의 화가이자 서예가인데, 소동파의 문인이며 초서체로 유명한 인물이다.

조선의 성리학 곧 주자학은 조선시대 중기의 유학자인 퇴계 이황(1501~1570)에 이르러 마침내 주체적인 사유체계를 정립하는 수준에까지 도달하였다. 이황의 학문적 영향력은 그의 문인들이 영남학파의 주류를 형성하는 데까지 이르도록 하였다. 이러한 이황 역시 증점에 대하여 일정한 관심을 가진 것으로 파악된다. 이황의 문인인 문봉 정유일(1533~1576)은 스승인 이황에게 다음과 같은 질문을 하였다.

이른바 (『맹자』「공손추 상」에 나오는) '물망물조' 곧 일삼는 바를 두고서 잊지도 말고 조장하지도 말라는 말에는 (『시경』「한록」에 나오는) '연비어약' 곧 솔개는 날아 하늘에 이르고 물고기는 못에서 뛰논다는 기상이 있습니다. '물망물조'는 천리가 마땅히 그러한 것이어서 조금이라도 인위적인 조치가 개입하는 것이 용납되지 않고, '연비어약'은 천리가 저절로 드러난 것이니 날고 뛰는데 뜻을 두기를 기다리지 않고 저절로 날고 뛴다는 것이니, 모두 비유를 취하는 의미입니다. 다만 자연무위의 기상을 취하고자 하는데, 어떠할지 모르겠습니다.

-『문봉집』 권3 「퇴계 선생께 올리는 질문(상퇴계선생문목)」

'물망물조'와 '연비어약'이 일종의 비유가 아니냐는 이 질문에 대하여 이황은 다음과 같은 내용의 답신을 보냈다.

'물망물조'와 '연비어약'을 논하여 비유를 취하는 의미로 여겼는데, 다만 자연무위의 기상을 취하고자 하는 것은 훌륭한 것이다. 그런데 옛사람들이 이것을 논의한 여러 설명을 살펴보면, 이것은 비유를 취해서 그 기상을 말한 것이 아니라, 이것으로 인하여 저것을 들어서 도의 본체가 자연히 발현하여 유행하는 실상을 보인 것이다. '물망물조' 같은 것은 도가 나에게 있어서 자연히 발현하여 유행하는 실상을 볼 수 있는 것이며, '연비어약'은 도가 사물에 있어서 자연히 발현하여 유행하는 실상을 볼 수 있는 것이다. 또 만일 '욕기영귀' 곧 '기수에서 목욕하고 노래하면서 돌아온다'는 말을 인용하여 함께 말한다면, '욕기영귀'는 도가 일상생활 속에서 자연히 발현하여 유행하는 실상을 볼 수 있는 것이다. 이와 같을 따름인데,

어떠한가?

－『퇴계선생문집』 권25 「정자중에게 보낸 답장의
별지(답정자중별지)」

'물망물조'와 '연비어약'은 도가 나 자신과 사물에서 자연히 발현하여 유행하는 실상을 보인 것이고, 증점의 대답에서는 '도가 일상생활 속에서 자연히 발현하여 유행하는 실상을 볼 수 있다'고 해석한 이황의 편지글을 통해서 우리는 증점이 도달한 경지를 이황이 매우 높게 평가했다는 사실을 확인할 수 있다. 또한 이황은 시를 통해서도 증점의 즐거움과 기상을 표현하기도 했다.

봄날 깊은 곳에 고요히 사니 좋기만 한데
수레 말발굽은 문에서 멀어졌네.
동산에 피는 꽃은 제 모습 드러내고
뜰에 돋는 풀은 천지의 오묘함이라네.
깊고 깊은 골 머무니 온 동네가 노을빛
멀고 먼 곳에는 물가에 마을이 있네.
알아야만 할 것은 돌아오며 읊는 즐거움
기수에 목욕하는 일까진 기대하지 않으리.

－『퇴계선생문집』 권3 「사계절 따라 고요한 삶이 좋음을 읊은 시
네 수(사시유거호음사수)」

아득히 먼 세월에 비파를 내려놓으며 말하던 사람이

그리웁고

　기수에서 목욕한단 말에 뜻이 맞아 소리친 성인의 찬
탄이 새롭구나.

　이제는 다만 물러나신 재상께서 남은 흥취를 따라서
조용히 바람 쐬고 노래하며 늦봄을 즐기시리.

-『퇴계선생문집별집』 권1 「욕기다리(욕기교)」

　이황의 시는 서정성과 철학성이 적절하게 어우러져 있다.
이황은 서정을 놓치지 않았기에 진정 시인이며, 철학이 함께
하기에 사상가인 것이다. 조선시대의 유학자들은 증점과 관련
된 철학적인 사유를 문학적인 형식 속에 담아서 표현하는 것
을 선호했다. 이른바 글로써 도를 나타낸다는 '문이재도[2]'의
정신을 충실히 따른 것이다. 그런데 그렇게 하다보면 자칫 문
학적 향기가 많이 사라질 수도 있는데, 이황의 경우에는 그러
한 치우침을 찾아보기가 힘들다. 다만 이 시에서 굳이 한 가
지 아쉬운 점을 지적한다면, 현실 참여의 강한 의지를 직접적
으로 읽어 내기가 쉽지 않다는 점이다.

　다음으로는 젊은 시절 성균관에서 이황을 만나서 함께 공
부하면서 깊이 사귀었던 호남의 대표적인 성리학자인 하서
김인후(1510~1560)의 시 「욕기」를 감상해보자.

---

[2] 문이재도(文以載道).

공자님 제자가 삼천이지만
그 중에 안회가 도에 가까웠고
또 비파를 타는 증점은
꽃다운 늦봄을 만났네.
어른과 아이들이 봄옷을 입고
함께 가서 기수에서 목욕을 하네.
물결은 넘실넘실 흘러가는데
봄날은 바야흐로 따뜻하여라.
개운하게 먼지 때를 씻어 버리니
만물도 때를 만나 빛이 나도다.
무우라 맑은 바람 가득 쐬고서
읊조리며 유유히 돌아오누나.
봉황은 천 길을 날아오르니
그 기상 어찌하여 그리 드높더냐.
만고 세월 그 아래 홀로 섰으니
성인 아니시면 내 뉘를 의지하리.

-『하서전집』 권2 「기수에서 목욕하다(욕기)」

　　김인후는 『논어』에서의 묘사와 주자의 표현과 평가를 적절히 융합하여, 시의 형식을 빌려서 증점의 예화에 들어 있는 의미를 보다 생동감 넘치고 풍부하게 잘 표현했다. 그리고 안회와 증점을 나란히 언급한 점이 인상적이다. 특히 이러한 내용을 끝에 가서 유학자로서의 자신의 정체성을 다시 확인하는 일과 연결시킨 점이 돋보인다. 김인후가 증점에게 관심을 보인 사례는 다른 기록을 통해서도 확인할 수 있다. 조선 후기를 대표하는 성리학자인 우암 송시열(1607~1689)은 김인후가 "한가한 날에는 으레 어른과 아이들을 데리고 야외에 나가 소요하면서 제생들을 향하여 '배우는 이가 수시로 기수와 정초의 기상을 체험한 뒤에야 조금의 진취를 볼 수 있게 된다'라고 말하셨다"라는 내용을 김인후의 신도비문에 담았다(『송자대전』 권154 <신도비명> 「하서 김 선생 신도비의 명과 아울러 쓴 글(하서김선생신도비명병서)」). 여기서 '기수의 기상'은 바로 증점의 기상을 가리키는 말이다. '정초의 기상'은, 중국 북송 때의 주돈이가 인품이 고결하고 맑으며 마음속에 품은 생각이 상쾌하고 깨끗하여, 뜰에 가득한 풀(정초)를 베어내지 않으면서 "저 풀이 싱그럽게 살아가는 뜻도 나의 뜻과 다를 바 없다"라고 한 데서 온 말이다.

　조선성리학을 대표하는 논쟁을 손꼽으라면 퇴계 이황과 고봉 기대승(1527~1572) 사이에 벌어진 사단칠정 논쟁일 것이다. 사단은 인간의 본성에서 비롯된 네 가지 마음 곧 남을 사랑하여 측은히 여길 줄 아는 마음(측은지심) · 불의를 부끄러워하고 미워할 줄 아는 마음(수오지심) · 서로 양보하고 공경하는 마음(사양지심) · 옳고 그름을 판단할 줄 아는 마음(시비지심)이며, 칠정은 인간의 본성이 사물과의 관계에서 드러나는 기쁨(희) · 노여움(노) · 슬픔(애) · 두려움(구) · 사랑(애) · 미움(오) · 욕망(욕)이라는 일곱 가지 감정이다.[3] 이러한 사단칠정과 이기의 관계를 어떻게 설정할 것인가하는 문제를 놓고 이황과 기대승이 8년 동안 편지를 주고받으면서 벌인 논쟁이 바로 사단칠정 논쟁이다. 이 논쟁을 거치면서 한국유학은 주자학을 단순히 수용하는 차원을 넘어서 주체적이고 독자적인 해석의 단계로 나아가게 되었다. 그런데 우리가 더 눈여겨 봐야할 것은 이황이 자신보다 26세나 연하인 기대승을 논쟁의 상대로 인정하고 포용했다는 점이다. 어쩌면 학문적 성취와 함께 이러한 마음 씀씀이가 이황을 '조선 제일의 성리학자'로 일컫게 만든 결정적인 이유가 되었을지도 모른다. 이제 하서 김인후와 함께 호남을 대표하는 성리학자인 고봉 기대승의 칠언고풍 형식의 시를 통해서 증점이 어떻게 긍정적으로 묘사되었는가를 확인해 보자.

> 늙은이 편안케 하고 젊은이 감싸줌은 공자의 뜻이라
> 막힌 세상 형통으로 돌리고자 천하를 방황했네.
> 당시 함께 시좌한 네 명의 제자는
> 중유, 증점과 염구, 공서적이었네.
> 조용히 문답하며 숨기지 말라 하자
> 재주를 펴서 나라 다스리는 데 마음 둠이 많았네.
> 그중 한 사람은 비파만 타고 있었는데

---

3 사단(四端)은 측은지심(惻隱之心)·수오지심(羞惡之心)·사양지심(辭讓之心)·시비지심(是非之心)이며, 칠정(七情)은 희(喜)·노(怒)·애(哀)·구(懼)·애(愛)·오(惡)·욕(欲)이다.

그 흉금이 갠 가을 하늘처럼 쇄락하였네.

천기가 움직일 때 서로 조화되는 것이라

어찌 불평함이 있은 후에만 울리랴.

그 양양한 곡조 만물과 함께 흐르니

절묘한 뜻 순 임금과 전욱씨의 음악일세.

뎅그렁 소리 내며 비파를 내려놓고 소회를 말하니

기수 가의 맑은 봄바람을 상상해 보게 하네.

공자께서 이 말 듣고 감탄하고 또 □

소심한 세 제자는 놀라고 있을 뿐이네.

아 이 소리 오랫동안 묻혀 있었는데

돌아보건대 백대 후에 그 누가 다시 이어갈거나.

-『고봉속집』권1 「증점의 비파가 천기를 울리다(점슬천기명)」

이 시를 통해서 기대승은 증점의 높은 뜻을 기리면서 이러한 뜻을 이어가고자하는 자신의 의지를 함께 드러내고 있다. 이 시에서 기대승은 『논어』에 나오는 내용을 토대로 송대 이후 성리학자들의 증점에 대한 평가와 자신의 유교적 상상력을 동원하여 더욱 생생한 묘사로 『논어』속의 그 장면을 다시 입체적으로 그려내고자 노력하였다. 특히 비파 연주와 관련된 음악에 초점을 맞춘 점이 돋보인다.

이황의 대표적인 제자 중 한 사람인 학봉 김성일(1538~1593)은 『논어』에 나오는 증점과 관련된 내용을 그린 그림을 소재로 한 「증점사슬도」라는 비교적 장편의 시를 지어 증점이 도달한 경지를 표현하였다.

내 이미 통달한 자의 커다란 소견을 보았거니
품은 생각 다른 이와 같지가 않았다네.
움직이고 고요히 머무는 데서 그 기상 알 수 있으니
이 마음이 향한 바는 본디 거짓 아니었네.
뎅그렁 비파를 내려놓은 그는 어떤 사람인가
증점이 대답한 건 다른 이와 달랐다네.
그 당시 공자님 문하로 귀의할 곳 얻었는데
삼천 제자 중에 기상이 가장 뛰어났네.
얼굴 맞대 끌어주며 날마다 훈도함에
드넓은 마음속은 구애됨이 없었다네.
비파를 연주하고 노래하던 어느 저녁 스승을 모셨을 때
천기가 우는 곳에 봄기운이 퍼졌다네.
가없는 지극한 낙 비파 줄에 붙였으니
화락한 한 이치를 가슴속에 함께 했네.
태극에서 마음 노니 다시 무얼 하겠는가
가슴속이 쇄락하여 맑고도 깨끗했네.
그 자리서 각자의 뜻 말해 보란 말씀 듣고
몇몇 사람 대답한 건 대부분 거칠었네.
품은 생각이야 각자 다른 법이니
구구하게 저들과 어찌 뜻을 같이하랴.
유연히 비파를 내려놓고 품은 생각 말하는데
도를 밝게 보았으니 어찌 밖에서 구하겠나.

화락한 그 모습은 중화에 합했으니
뜻은 오직 무우에서 바람 쐬는 데 있었다네.
일상의 즐거움이 어찌 끝이 있으리요
인욕이 다 맑아져 추호도 안 남았네.
천지와 함께 흘러 본원에 순응하니
사해의 만물이 모두 피차 구별 없었다네.
그 기상은 요순과 더불어 짝이 되어
봉황이 구름 속을 나는 것 같았다네.
공자께서 감탄하며 그를 곧 허여하셨으니
뜻을 말함에 하나하나 부합되어 기뻤다네.
나머지 세 사람은 각자 곁을 구했으니
자잘한 명리 구해 무엇을 하잔 건가.
논어 보며 남겨진 풍모를 생각하는데
누가 용면 시켜 다시 그림으로 그렸는가.
천 년 뒤에 뎅그렁 소리 듣는 것만 같아
경건해져 나도 모르게 몸을 굽히는구나.
오직 한스러운 건 뜻만 크게 가진 거라
오늘 그림 보며 긴 탄식이 나오는구나.

-『학봉일고』 권1 「증점이 비파를 내려놓는 그림(증점사슬도)」

조선유학계에서 아마도 증점과 관련해서 운문 형식으로 표현한 것 중에 가장 상세하게 묘사한 작품이 이것일 것이다. 그런데 김성일은 "삼천 제자 중에 기상이 가장 뛰어났네"라고 증점을 높게 평가하면서도 시의 끝 부분에서 "오직 한스러운

「행단고슬도」(겸재 정선). 공자가 제자들과 함께 은행나무가 있는 단상에서 비파 연주를 감상하고 있다. 왼쪽 윗부분에 '杏壇鼓瑟(행단고슬)'이라는 한자가 보인다. 성 베네딕도회 왜관 수도원 소장

건 뜻만 크게 가진 것"이라고 묘사하여, 증점이 가진 '광'의 부정적인 측면을 지적하면서 유감스럽게 생각했다. 시 속에 나오는 '용면'은 중국 북송대의 유명한 문인화가인 이공린의 별호이다. 이공린은 관직에서 물러난 뒤 안휘성 용면산으로 들어가서 은거하고는 스스로를 용면거사라고 불렀다.

퇴계 이황과 더불어 조선성리학을 대표하는 유학자는 율곡 이이(1536~1584)이다. 이이의 학문을 계승한 그의 문인들은 기호학파를 형성하여 영남학파와 함께 조선 유학계의 양대 산맥으로 자리 잡았다. 그런데 이이는 조선시대 유학자 중에서 증점에 대하여 가장 큰 관심을 보인 인물이기도 하다. 문집의 일반적인 편집 순서에 따라서 그렇게 된 것이겠지만, 그의 저술을 집성한 『율곡전서』에는 「욕기사」라는 일종의 '철학시'가 제일 먼저 수록되어 있다.

봄바람은 솔솔 불고

봄날은 길고 길다.

봄옷 이미 마련되었으니 나의 벗들과 함께 놀러 가리라.

저 기수 보이니 맑은 물에 목욕하리라.

나의 옷 털어 입고 나의 갓 털어 쓰고서

무우에서 바람 쐬리라.

만물의 변화 헤아려 보고 노래하며 돌아오리라.

하나의 근본 이치를 깨닫고서 만 갈래의 다름에 통하
였네.

하늘을 우러러보고 땅을 굽어보니

물고기는 뛰어 오르고 솔개는 나는구나.

요순은 이미 가버렸으니 나는 누구와 함께 돌아가나

즐겁도다 저 행단에서 나의 스승을 찾았도다.

-『율곡전서』 권1 「기수에서 목욕하는 일에 대한 시(욕기사)」

전반부의 서정적인 묘사와 후반부의 철학적인 내용이 어우
러진 이 시를 통해서 이이는 먼저 자연 속에서 유유자적하면
서 천리를 헤아려 본 증점의 경지를 높이 평가하였다. 그리고
유학의 도를 지향하는 자신의 강한 의지를 피력하였다. 그런
데 증점에 대한 이이의 긍정적인 평가는 두 측면으로 나누어
서 살펴 볼 수 있다. 첫 번째 측면은 수양론의 관점에서 볼
때 자연친화적인 증점의 태도를 높이 평가한 것이다.

대개 마음의 본래 상태는 모든 것을 깊이 살펴서 명료하게 깨닫는다. 또한 여러 가지가 뒤섞여서 순수하지 못한 것도 없으며 영묘하여 어둡지 않으나, 사물에 얽매여 가려지지 않을 수 없다. 그러나 수양을 잘하면 두루 미치게 되고 수양을 잘하지 못하면 막히게 된다. 두루 미치게 되면 사물마다 알맞게 잘 헤아려서 그 처리가 이치에 합당하게 된다. 그러나 막히게 되면 사물 사이가 서로 뒤엉켜 혼란스러워지니 그 처리가 이치에 합당하지 못하게 된다. 수양을 잘하는 방법은 본래의 마음을 잘 간직하고 유지하며, 잘 반성하고 깊이 살피는 데 있다. 또한 거처하는 환경이 고요하면서도 시원스레 탁 트인 것도 수양을 돕는 한 가지 방법이 된다. 옛적에 증석이 '기수에서 목욕하고 노래하며 돌아오겠습니다'하자 공자께서 깊이 공감하셨고, 주자는 한 그루 나무의 맑은 그늘을 만나면 으레 읊조리고 배회하며 차마 떠나지 못하셨다. 이것이 어찌 다만 바깥 풍광만을 즐겼을 뿐이겠는가. 장차 바깥 풍광을 활용해서 내 마음의 수양을 도우려는 것이다.

－『율곡전서』 권13 「평원당에 대한 기문(평원당기)」

이이는 위의 글에서 유교적 수양의 요체를 '본래의 마음을 잘 간직하고 유지하며, 잘 반성하고 깊이 살피는 데 있다(조존성찰[4])'이라고 설명하였다. 그런 한편으로 '거처하는 환경이 고

---

[4] 조존성찰(操存省察).

요하면서도 시원스레 탁 트인 것도 수양을 돕는 한 가지 방법이 된다'라고 덧붙여서, 자연환경이 수양에 미치는 긍정적인 효과를 일찍이 강조하였다. 그리고 두 번째 측면은 「욕기사」에서도 표현되어 있는 것인데, 바로 '천리' 곧 '하늘의 올바른 이치'에 대한 통찰과 관련된 것이다.

옛적에 증석이 기수에서 목욕하겠다고 하자 공자께서 감탄하시며 깊이 공감하셨는데, 이는 증석이 사람의 잘못된 욕망(인욕)이 없는 상태에서 하늘의 올바른 이치(천리)가 유행하는 오묘한 일을 보았기 때문이다. 그렇지 않다면 성의 남쪽에서 목욕하고 언덕 위에서 노래하는 일은 노나라 사람이라면 누구나 다 같이 하는 일인데, 어찌 낱낱이 다 공감하겠는가. 그러나 천리의 오묘함은 배우는 사람이 쉽게 말할 수 있는 것이 아니다. 천리의 오묘함을 보고자 한다면 마땅히 신독으로부터 시작해야 한다. 신독에 입각하면 내 마음에 틈이 생기지 않고, 내 마음에 틈이 생기지 않으면 천리가 유행한다.

－『율곡전서』 권13 「송애에 대한 기문(송애기)」

특히 이이가 '천리의 오묘함'를 헤아리는 방법으로 『대학』과 『중용』에 나오는 '신독' 곧 '홀로 있을 때에 삼가야 함'을 강조한 것이 돋보인다. 이것과 같은 맥락에서 이이는 그의 「자경문」에서 "홀로 있을 때에 삼가 한 뒤라야 '기수에서 목욕하고 노래하며 돌아온다'는 의미를 알 수 있다"라고 간결하게 표현하였다(『율곡전서』권14 「자경문」). 이러한 점에 근거해서 판단한다면, 이이는 증점을 수양의 높은 경지에 다다른 유학자로 인정하는데 별로 주저함이 없는 것 같다. 그런 한편으로 이이는 친구인 우계 성혼(1535~1598)에게 보낸 편지에서 『논어집주』의 주석에 나오는 주자의 표현을 인용하여 증점의 학문을 긍정적으로 평가하면서도 증점의 한계를 지적하기도 하였다.

공자 문하의 제자와 정자·주자 문하의 제자 중에 근본 기틀이 온전하지 못하고 깊지 못한 이들은 모두 한쪽편만을 바라본 이들입니다. 증점은 전체를 바라보고 이것으로 즐거움을 삼아 산에 오르려 하지 않았기 때문에 '광'에 그쳤던 사람입니다. 증점의 학문은 사람의 잘못된 욕망이 모두 없어진 상태에서 하늘의 올바른 이치가 유행하여 머무는 곳에 따라 충만하여 흠결됨이 없음을 보았으니, 그 가슴 속의 즐거움이 어떠하였겠습니까. 다른 제자들이 다만 한쪽 편만 보고 일의 말단에만 얽매여 조심하는 것을 내려다보면서 어찌 손뼉 치며 크게 웃지 않았겠습니까. 비록 그러나 그는 그러한 것에만 즐거워하였을 뿐이었습니다. 일찍이 머리를 숙이고 산에 오르는 공부가 없었기에 자기 몸을 단속하는 행실은 도리어 다른 제자들이 삼가는 것만도 못하였으니, 보았던 사물이 어찌 자기의 사물이 될 수 있겠습니까. 안자(안연)·증자·자사·맹자·주자(주돈이)·장자(장재)·정자(정호·정이)·주자(주희) 같은 이들은 바라보는 데만 그치지 않고, 직접 그러한 경지를 밟았습니다.

-『율곡전서』 권10 「성호원에게 답함(답성호원)」

이이가 지적한 증점의 문제점은, 이미 맹자 이래로 증점을 규정하는 핵심적인 개념인 '광'의 부정적 측면 곧 실천의 결여와 관련된 것이다. '자기 몸을 단속하는 행실은 다른 제자들이 삼가는 것만도 못하였다'라는 표현에서 보듯이 실천의 결여는 결정적인 취약점으로 작용한다. 바로 이러한 점 때문에 아쉽게도 증점은 유교의 역사에서 대표적인 인물로 평가받지 못한다는 것이 이이의 해석이다.

조선의 유학자 중에서 정도전 이후에 가장 강력한 정치적 카리스마를 보여준 인물이라면 우암 송시열(1607~1689)을 먼저 지목할 수 있다. 기호학파의 대표적인 인물인 송시열은 조선의 그 어떤 유학자보다도 주자의 가르침을 따르고자하는 열망이 큰 인물이었다. 『주자대전차의』, 『주자어류소분』 등 그가 펴낸 주자의 저술과 관련된 주해서는 주자학에 대한 그의 관심이 어떠했는가를 잘 보여주는 것들이다. 그러한 송시열이 증점과 관련해서 남긴 시는 다음과 같다.

증점은 바로 광자이니
어찌 요순과 같으리오.
마음속에 쌓인 것 있다면
무우의 바람에 부끄러우리라.

－『송자대전』 권2 「영지동의 여덟 경치를 읊다(영지동팔영)」 중
「욕기단」

송시열은 경연에서 임금의 질문에 답변하면서 "증점은 곧
요순의 기상을 지니고 있었습니다"라고 말한 적이 있었다(『송
서습유』 권9 「경연강의」). 그런데 이 시에서는 "어찌 요순과 같으
리오"라고 읊었다. 이것은 모순된 진술이 아니다. '요순의 기
상을 지녔다'와 '요순과 같다'라는 표현은 본질적인 차이가
있는 것이다. 요순과 같기 위해서는 구체적인 실천을 통해 이
룩한 위대한 사업이 있어야 한다. 그러나 증점은 그렇지 못했
다. 이 시를 통해서 송시열은 이러한 증점의 한계가 증점에게
내재되어 있는 '광'의 측면에서 비롯되었다는 점을 지적한 것
이다. 따라서 송시열의 관점은, '요순기상' 등을 거론하면서
증점을 긍정적으로만 평가하는데 치우치지 말고 그 부정적
측면도 함께 헤아려 보는, 균형 잡힌 시각을 잃지 말자는 것
으로 해석할 수 있다. 이것은 주자의 입장이나 이이의 입장과
기본적으로 같은 맥락의 주장이다. 한편, 서인의 지도자인 송
시열과 정치적으로 대립 관계였던 남인의 주요한 인물인 고
산 윤선도(1587~1671)는 증점의 기상과 요순의 기상을 긍정적

인 측면에서 비교하여 분석한 「증점이 요순의 기상을 가졌음을 논함(증점유요순기상론[5])」이라는 글을 남겼다. 그렇기 때문에 흥미롭게도 증점과 관련해서는 송시열과 일정 부분 같은 견해를 가졌다고 볼 수 있다(『고산유고』 권6 상 「별집」).

증점에 대한 균형 잡힌 시각을 강조하는 이러한 송시열의 관점은 이후 기호학파에 대체로 그대로 수용되었지만, 그럼에도 불구하고 증점을 좀 더 긍정적으로 보고자 하는 흐름이 사라지지는 않은 것 같다. 왜냐하면 증점을 더욱 강력하게 변호하는 견해도 등장했기 때문이다. 예컨대 송시열의 문인인 둔옹 한여유(1642~1709)는 그의 논설 「증점이 상가에서 노래하다(증점임상이가[6])」에서, 증점의 지나친 행실을 지적할 때마다 거론되는 '계무자가 죽자 증점이 상가의 문에 기대어 노래했다'는 『예기』의 기록에 대하여, 중국 한나라 때의 유학자들이 장자의 말을 전해 듣고 견강부회한 것이라고 주장했다. 나아가서 현재의 『예기』 자체가 진시황의 분서갱유 이후 일부 남아 있는 자료를 모아 놓은 것이고, 한나라 때의 유학자들이 견강부회한 것이 많이 덧붙여진 것에 불과하다고 폄하하였다. 그리고 증점은 하늘의 올바른 이치의 온전한 본 모습과 그 위대한 작용을 보았다고 주장했다(『둔옹선생문집』 권7 <논> 「증점이 상

---

[5] 「曾點有堯舜氣象論」.

[6] 「曾點臨喪而歌」.

가에서 노래하다(증점임상이가)」. 애당초 그런 에피소드 자체가 잘 못된 것이라는 입장이다. 또한 송시열의 재전제자인 남당 한 원진(1682~1751)은 "증점이 자신의 뜻을 말한 것은 또한 온 세 상 사람들을 착하게 만들려는데 뜻이 있는 것이지 자신만 착 하게 살려는데 있지 않으니, 성현의 본심을 여기에서 더욱 잘 알 수 있다"고 서술하였다(『주자언론동이고』 권3 「논어」). 이것은 증점이 개인의 수양과 사회의 개혁을 함께 지향하는데 뜻이 있는 것으로 독해한 것이며, 또한 이러한 증점을 성현의 경지 에까지 도달한 것으로 평가한 것이다. 이러한 입장은 기호학 파 안에서 증점을 보다 긍정적으로 해석하려는 대표적인 경 우로 볼 수 있다.

조선의 비주자학자들, 증점을 말하다

조선시대의 주류 학문은 주자학이지만 그런 가운데서도 주 자학과는 다른 유학적 사유를 추구한 유학자들도 존재하였다. 그것과 관련된 뚜렷한 흐름은 조선시대 중후기부터 본격적으 로 등장하기 시작하는데, 양명학과 비주자학적 경학 해석 그 룹, 그리고 실학 등으로 분류할 수 있다. 여기서는 그러한 비 주자학 계열 유학자들이 증점을 어떻게 해석하고 평가했는가를 간략히 살펴보고자 한다.

계곡 장유(1587~1638)는 주자학에 치우친 조선의 학문 풍토를 비판하면서, 중국 명대에 본격적으로 등장하여 주자학을 비판한 양명학을 받아들인 대표적인 유학자이다. 그가 쓴 『계곡만필』에는 양명학의 창도자인 왕수인(왕양명)과 관련된 몇 개의 조항이 들어 있는데, 다음과 같은 내용의 글도 포함되어 있다.

왕양명의 시 가운데, 가령 "성인의 가르침은 본래 마음 밖에 없는 것, 육경으로 거울의 먼지나 털어내야지"라고 한 것이나 "봄바람 속에 뎅그렁 소리 내면서 비파를 내려놓으니 증점은 광자이지만 내 심정을 얻었도다", "잠긴 물고기 물 밑에서 마음의 요결 전해 주고, 가지 위에 둥지 튼 새 도의 참 모습 말해 주네", "머리 하얗게 세었어도 몸은 늙지 않았나니, 갓난 아이 혼돈의 마음 그대로 간직하고 있노라", "사람마다 나침반 각자 갖고 있나니, 온갖 변화 그 근원은 본래 마음에 있노라. 우스워라 그동안의 뒤집힌 안목이여, 지엽말단 집착하며 밖에서만 찾았었네", "하늘과 땅이 주역이니 원래 획은 없는 것, 심성이 무슨 형체 있어 티끌이 있겠는가", "일상의 늘 하던 일 벗어나지 않으면서 획 긋기 전 선천 시대에 곧바로 나아간다" 등의 표현에 대해서 여러 선비들이 비난을 가하며, 지나치게 높기만 하고 선의 냄새가 풍긴다고 말들을 하

였다. 그러나 워낙 그 경지가 뛰어나서 사람의 마음을 움
직이는데야 어찌 하겠는가!

-『계곡만필』 권1 「여러 선비들이 양명의 시구가 지나치게
고원하여 선에 가깝다고 비난하였다(제유저양명시구이위과고근선)」

이것은 양명학에 경도된 장유의 심경을 드러내 보이는 동
시에 증점에 대한 긍정적인 평가의 뜻도 함께 들어 있는 글이
다. 그렇다고 해서 장유가 무비판적으로 왕양명을 추종한 것
은 아니다.

> 왕양명의 학문은 그 사상의 기본 틀이 본래 육상산에
> 게서 나왔으나, 그가 내세운 이론은 때때로 조금씩 육상
> 산과 다른 점이 있다. 그런데 인품이나 실천의 측면에서
> 보면 육상산이 왕양명보다 차원이 높은 듯하다.

-『계곡만필』 권1 「양명과 상산(양명여상산)」

흥미롭게도 장유는 육상산과 왕양명을 비교하면서, 양 인
물이 이론적 차이가 있다는 점을 지적하고 또한 인격적이고 실
천적인 면에서는 오히려 육상산을 보다 높이 평가하였다. 이러
한 입장의 장유가 증점과 관련해서 지은 시는 다음과 같다.

> 강당에 의젓하게 모여 있는 귀한 인재들
> 단정한 유생의 모습에 학규 또한 새로워라.
> 이런 주장 저런 논쟁 벌어질 적에

뎅그렁 비파 내려놓는 사람 또 있을 줄 내 알겠네.

-『계곡선생집』권33 「사계 선생의 양성당을 읊은 열편의
시(사계선생양성당십영)」중 「학당의 경서 강론(횡사담경)」

이 시에서 묘사했듯이 장유 역시 증점을 공자 문하의 뛰어
난 제자로 인정하고 있다. 그리고 시의 제목에 나오는 '사계
선생'은 바로 사계 김장생(1548~1631)이다. 조선 중기의 대표적
인 예학자인 그는 율곡 이이의 문인이자 우암 송시열의 스승
이다. 그리고 양성당은 그가 고향인 충남 논산에 지은 강학처
의 이름이다.

또한 장유와 같은 시대의 인물인 지천 최명길(1586~1647)도
양명학에 큰 관심을 가진 인물이다. 그는 1643년(계미년)에 경
북 상주의 경천대에 은거하고 있던 우담 채득기(1604~1647)를
방문하면서, 채득기가 건립한 무우정을 소재로 하여 「무우정
에 대한 기문(무우정기)」를 지었다. 이 글 속에서 최명길은 증
점과 관련하여 다음과 같이 표현하였다.

한 마디 말로 오랜 세월동안 세상을 놀라게 하고 수많
은 유학자를 고무시킬 수 있었던 것은 자신이 품은 뜻을
대답한 증점의 말 뿐이다. 대체로 공자 문하의 가르침은
수기치인[7]의 도를 벗어나지 않는다. 그렇다면 기수에서

---

[7] 수기치인(修己治人)은 '자신을 수양해서 좋은 세상을 만들겠다'는 의미이다.

목욕하고 무우대에서 바람 쐬는 것이 다만 어느 한가로운 한 사람의 일일 뿐이라면 마땅히 취할 것이 없으리라. 그러나 공자께서는 오직 증점의 대답에만 아! 하고 감탄하셨다. 중국 북송 때 (정명도·정이천) 두 정 선생이 주렴계(주돈이) 선생을 스승으로 모셨는데, 가르침을 받는 사이에 또한 이와 관련하여 말없는 가운데 뜻이 서로 합치함이 있었다. 그러므로 명도 선생께서 "주무숙(주돈이)를 다시 뵙고는 풍월을 읊으며 돌아오면서 '나는 증점과 함께 하겠다'는 뜻을 가지게 되었다"라고 말씀하신 것이다. 그렇다면 우리 유가의 기풍에는 역시 저절로 초연히 일상생활을 넘어서는 일이 있는 것이다! 증점이 죽은 지 이미 이천 여 년 그리고 노나라와 동쪽나라(우리나라)가 떨어진 것이 또한 만 여리이니, 그렇다면 그 땅과 그 사람은 모두 볼 수 없다. 이제 이 정자의 이름이 우연히 (무우대와) 같기에 내 뜻을 붙여 보았는데, 이 때문에 그 사람을 생각해 보고 그 뜻을 따르고자 한다면 그것 또한 괜찮은 일일 것이다. … 증점은 참으로 말을 쉽게 하지 않았다. 그 자신은 성인의 문하에서 노닐며 때에 알맞은 교화를 직접 입으니, 견식은 고매하고 마음속에 품은 생각은 상쾌하고 맑았으며, 사사로운 인욕에서 한껏 벗어나 오묘한 천리에 녹아들었다. 이것은 춘 삼월의 고운 풍경과 무우대의 아름다운 흥취를 기다리지 않고도 그 즐거움이 저절로 채워진 경우이리라. 그렇다면 이제 증점의 즐거움을 즐기고 싶다면 역시 그 즐거워하는 까닭을 찾아서 자신의 마음에 잘 돌리는 데에 달려 있을 따름이다.

　　　　　　　　　　　　　　　　　－『지천선생집』 권17 「무우정에 대한 기문(무우정기)」

　　최명길은 이 글에서, 특히 "한 마디 말로 오랜 세월동안 세
상을 놀라게 하고 수많은 유학자를 고무시킬 수 있었던 것은
자신이 품은 뜻을 대담한 증점의 말 뿐이다"라는 말로, 일상
의 삶 속에서 유가의 근본정신을 지향하는 데서 비롯되는 초
연한 즐거움을 서정적으로 잘 표현한 증점의 대답을 격찬하
였다. 양명학에 관심이 있는 학자답게 내면적인 성찰을 중요
시하는 관점에서 증점에 대해 적극적인 공감의 뜻을 밝혔는
데, 글의 기본 내용과 표현에 있어서는 오히려 주자학자들의
관점과 크게 다르지 않다는 것이 특기할 만한 점이다.

▌경상북도 상주시 경천대에 있는 무우정

   조선시대 중후기에 이르면 오직 주자학만을 중시하는 사상
적 주류의 입장에 반발하여, 주자학적 유교경전 해석(경학)을
비판하고 독창적인 유교경전 해석을 통해서 유학의 본래성을
찾고자 하는 일군의 유학자들이 등장한다. 그 중의 한 사람인
서계 박세당(1629~1703)은 유학이 본래 현실적 실천을 중시하
는 사상 체계라는 사실을 강조하였다. 그리고 이러한 맥락에
서 박세당은 그의 대표적인 저술인 『사변록』을 통해서 주자
의 『사서집주』를 비판하였다. 그렇다고 그가 무조건적으로 반
주자학적인 입장을 표방한 것은 아니었다. 그 한 사례로 증점
에 대한 그의 평가를 살펴볼 필요가 있다.

   증점의 뜻이 초연하여 속된 얽매임이 없고, 홀로 세상
밖에 서서 인생의 즐거움을 다할 수 있었던 것은 다른 세
제자가 미칠 수 있는 바가 아니다. 주자는 말하기를 '현
재 자기가 처한 위치에서 그 일상생활을 즐기는 것이었
을 뿐 처음부터 자신을 버리고서 남을 위하려는 뜻은 없
었다. 그리하여 그 가슴 속이 한가롭고 자연스러워 곧바
로 천지만물과 더불어 위 아래로 함께 흘러간다'라고 하
였으니, 잘 표현했다고 말할 수 있다. 정자는 '증점과 칠
조개는 이미 큰 뜻을 보았다'고 하였으니, 역시 그들이
바깥(세상사)는 가볍게 여기고 안(마음)을 중하게 여겼기
때문이다.

－『사변록』「논어·선진」

여기서 박세당은 주자의 말을 인용하면서, 증점이 세상사에 부질없이 얽매이지 않았기에 자신의 삶을 제대로 지킨 점을 높이 평가했다. 곧 증점을 내면이 충실한 인물로 본 것이다. 아울러 "증점이 사람과 더불어 같이함을 즐거워하고 또 구하려는 것이 밖에 있지 않으니, 말라빠진 선비들과는 다르기 때문에 공자께서 '증점에게 공감한다'고 말한 것이다"라는 말을 덧붙임으로써, 내면적 수양 없이 오직 세속적인 가치만 추구하느라 여념이 없는 속되고 고루한 유학자들에 대한 비판을 감추지 않았다(『사변록』 「논어·선진」). 그런데 박세당의 반주자학적인 입장에 대해서 송시열의 문인인 농암 김창협(1651~1708)은 지인에게 보낸 편지에서 "서계는 제가 근년에 도봉산을 왕래하는 길에 한번 찾아간 적이 있습니다. 그러나 그의 학문적 깊이를 자세히 알아보지는 못하였고 그가 지었다는 경전에 대한 해설도 보지 못하였습니다. 그렇지만 그것은 별도의 하나의 책이지 경전에 대한 주석 정도에 그치지는 않을 듯 싶습니다. 가령 그가 주장하는 차이점이 문장의 뜻을 풀이하는 정도에 지나지 않아 육상산이나 왕양명이 그랬던 것처럼 별도로 도학의 근본 뜻을 세운 것이 아니라 할지라도, 뒤에 오는 사람들 중에 그러한 경향을 좋아하는 자들은 대부분 주자를 경시하고 다른 주장을 내세우기를 좋아하니, 그 해로움이 적지 않습니다. 더구나 이러한 부류가 끊임없이 불어나고 있으니, 어찌 육상산이나 왕양명 같은 자들이 뒤따라 나오지 않으리라 장담할 수 있겠습니까"하고 강력하게 비판하였다(『농암집』 권16 「박대숙에게 보낸 답장(답박대숙)」). 그런 김창협이지만 증점을 긍정적으로 보는 관점에서 만큼은 박세당과 별반 차이가 없다. 그렇기에 그는 자신의 처남에게 보낸 편지에서 "나는 일찍이 『논어』를 읽다가 네 사람이 자신들의 뜻을 말한 대목에 이르러 생각하기를, '증점은 뛰어나니, 실로 논의할 것이 없다'"라고 밝힌 것이다(『농암집』 권22 「해주 목사로 부임해 가는 이동보를 송별한 서(송이동보목해주서)」).

우리가 일반적으로 실학자라 말하는 성호 이익(1681~1763)은 또 다른 측면에서 말한다면 성리학자라는 사상적 정체성도 함께 갖고 있다. 왜냐하면 퇴계 이황을 사숙한 그는 근기 남인 계열의 퇴계학파에 속하는 인물이기도 하기 때문이다. 그가 가장 중시한 것은 현실의 여러 가지 문제에 대한 실질적인 해결책을 찾는 것이었다. 그의 실학사상도 이러한 문제의식에서 출발하였다. 그렇기 때문에 그는 특히 실천지향적인 경세사상에 관심을 두었다. 이러한 그의 사상적인 입장은 증점에 대한 평가에서도 드러난다. 이익은 공자의 물음에 대한 증점의 대답을 분석한 글에서 다음과 같이 서술하였다.

하루는 내가 잠자리에서 무우와 관련된 증점의 대답을 생각해보니, 거의 동문서답에 가까운 것이었다. 공자께서 질문하신 것은, '만일 어떤 사람이 너희들을 알아주어서 등용한다면 무엇을 하겠는가?'라는 것이다. 그러므로 각자 남이 알아주어서 등용된 이후의 일로써 대답한 것이다. 그런데 증점이 대답한 '어른, 어린이 몇 사람과 함께 기수에서 목욕하고 무우에서 바람 쐬고 돌아오겠습니다'라는 말은 사람마다 할 수 있는 것이니, 다른 사람이 알아주고 알아주지 않는 것이 무슨 관계가 있겠는가? 이것은 다만 증점이 자신의 뜻을 말한 것뿐이지 공자의 질문에 대한 대답이 아니었다. 그러나 공자께서 곧장 동의하신 것은 무슨 이유 때문일까? 그 대답한 뜻을 자세히 생각하니, 성인의 훌륭한 정치가 모두 이루어진 후에 사람들이 각자 제대로 살 바를 얻어 노래도 부르고 시도 읊으면서 그 삶을 즐긴다는 말이었다. 만약 그 당시에 공자를 알아 준 임금이 있어서 정사를 맡겨 주었다면, 반드시 태평한 시대를 만들어서 어른과 젊은이를 막론하고 천하 사람 모두 대자연의 조화 속에서 누가 그렇게 행한 것인지를 몰라도 제대로 잘 살도록 했을 것이다. 증점이 기약한 바도 이와 같은 일을 넘어서지 않았을 것이다.

－『성호사설』권21 「경사문」〈증점의 대답(증점지대)〉

여기서 이익은 특히 평천하의 경세의식에 초점을 맞추어서 증점을 평가한 것으로 보인다. 이 글은 한편으로는 훌륭한 정치가 이루어지는 평화로운 세상을 희구하는 스승과 제자의 경세의식을 높이 평가한 것이다. 그러나 또 한편으로는 공자가 그러한 이상을 실현할 기회를 갖지 못한 데 대한 안타까움을 강조한 것이다. 그렇기 때문에 같은 글에서, "성인이 '위연이탄(한숨을 내쉬며 '탄')'하셨는데, 이 '탄'은 증점의 말을 '찬탄'한 것이 아니고 세상에 도를 행할 수 없음을 '탄식'하신 것이다"라는 말을 덧붙인 것이다. 다시 말해서 이익은 '탄'을 '탄식'으로 해석하여 증점의 대답에 대한 칭찬과 감탄의 반응이 아니라 공자 자신이 처한 상황과 관련하여 나온 아쉬움의 반응으로 이해한 것이다.

조선의 유학자 중에서 증점에 대하여 가장 비판적인 시각을 드러낸 인물은 북학파에 속하는 실학자로 일컬어지는 홍대용(1731~1783)일 것이다.

기수에서 목욕하는 일은 물론 즐거운 일이요, 또한 군자가 때때로 할 수 있는 바이다. 그러나 평생의 뜻을 들어 여기에 있을 뿐이라 하면 증점의 광이 또한 너무 심하다. 공자께서 함께 하겠다고 한 것은 과연 무엇에 공감한 것인가? 공자의 뜻은 늙은이를 편안히 하고 젊은이를 품어주고 붕우를 믿게 하는 데에 있다. 이것은 모두 현실적인 일이고 곧 요순의 기상이다. 지금 증점은 세상을 구제할 마음이 없고 성실하게 힘쓰고자 하는 의지가 적으며, 현실의 일을 내버려두고 바람 쐬고 노래하는 즐거움에 마음이 머물러 있으니, 광자가 뜻만 크고 일에 소홀한 것은 이런 이유 때문이리라. 공자께서 마땅히 이러한 잘못을 제재하고 엄격하게 꾸짖어야 할 터인데, 도리어 감탄하고 깊이 인정한 것은 어찌 된 일인가? 또 이 때문에 어떤 이는 '마음속에 품은 생각이 천지와 더불어 같이 흐른다'하고 어떤 이는 '공자의 뜻과 같다'고 말하며, 어떤 이는 '요순의 기상이다'라고 말하면서, 도리어 세 제자가 세속적인 일에만 급급하다고 나무라니, 더욱 알 수 없는 일이다.

-『담헌서 내집』 권1 「사서문변」

이 글에서 홍대용은 현실과 거리를 두고 유유자적하는 듯한 증점의 자세를 비판할 뿐만 아니라 그러한 증점에게 공감의 뜻을 나타낸 공자의 태도에 대해서도 이해할 수 없다는 자신의 견해를 강하게 밝히고 있다. 이것은 홍대용이 실학자답게 철저하게 실사구시의 관점으로 증점을 바라보았기 때문일 것이다.

조선 후기에 살면서 유교 경학 연구의 새로운 지평을 열고 실학의 흐름을 종합한 다산 정약용(1762~1836)은 『논어고금주』에서 증점과 관련하여 다음과 같은 기록을 남겼다.

살펴보건대, 공자께서 본래 나라를 다스리는 일을 물었던 것이니, 세 사람이 대답을 잘못한 것은 아니다. 증점이 세 사람의 말과 다른 말을 한 것은 시대 상황이 꽉 막혀 있는데 세 사람의 말은 모두 실효성 없는 빈말임을 가리킨 것이다. 부를 구해서는 안 되는 난세 때에는 내가 좋아하는 바를 따르는 것이다. 그러므로 공자께서 그를 칭찬한 것이고, 세 사람이 대답을 잘못한 것은 아니다.

 -『논어고금주』 권5 「선진 하」

이것은 증점의 말이 단순히 낭만적인 것이 아니라 오히려 당시의 현실 상황에 대한 정확한 인식을 바탕으로 한 대답으로 해석하는 입장이라고 볼 수 있다. 그런데 정약용은 『논어고금주』 <욕기장>에 대한 '질의'의 인용을 통해서 증점에 대한 송대 유학자들의 호의적인 평가에 대해 비판적인 입장을 보여주는 견해를 소개하기도 하였다.

[질의] 유화암[8]은 말하기를 "증점의 뜻은 다만 일개 광자로서 세속의 먼지 더미에 얽매이지 않으려고 한 것이다. 그래서 사상채가 '세 사람 가운데 증석만 홀로 동풍을 쐬고 운운하는 대답을 하여 차가운 눈으로 간파하고 있었다'라고 하였다. 그런데도 송의 유학자들은 말의 장황함이 지나칠 정도여서 드디어 '그는 천지와 동류이다'라 하고 '그는 요순의 기상이다'라 하며, '그는 인욕을 깨끗이 다 없앴다'라 하였다. 그런데 '천지와 동류이다', '요순의 기상이다'라는 것은 반드시 '노인은 편안하게 하고 젊은이는 감싸준다'고 한 공자와 같아야 바야흐로 그 경지에 이른 것이다. 늦은 봄의 나들이 같은 이것은 음풍농

8 유화암(劉華嵒)은 어떤 인물인지 알려진 것이 없다.

월로써 스스로 유유자적하는 데에 불과하다. 사욕을 깨끗이 다 없애는 것은 반드시 '잘하는 것을 자랑하지 않으며, 공로를 과시하지 않으려'한 안연과 같아야 바야흐로 이 경지에 이른 것이다. 증점은 일시적으로 세상 일에 얽매이지 않았음을 얻었다고 하여 어떻게 드디어 '어느 하루 자신의 사욕을 극복하고 예로 돌아간' 극기복례의 경지에 도달하였겠는가? 송의 유학자들은 공자가 증점을 한 번 허여한 것으로 인해서 드디어 '비파를 타던 속도를 늦추다가 뎅그렁하는 소리를 내면서 타는 것을 멈추고는, 비파를 밀어 놓고 일어났다'란 세 구절을 가지고 증점이 움직일 때나 조용히 있을 때를 모두 좋게 보았던 것이다. 그러나 스승과 벗들이 바야흐로 뜻을 말하고 있는 자리임을 알지 못하고 비파를 타고 있는 것, 이는 광자의 태도이다"라고 하였다.

–『논어고금주』권5「선진 하」

이 글의 내용 중에서 증점을 위해 변호해야 할 한 가지 사례를 든다면, 그것은 '스승과 벗들이 바야흐로 뜻을 말하고 있는 자리임을 알지 못하고 비파를 타고 있는 것, 이는 광자의 태도이다'라는 부분이다. 왜냐하면 이 부분은 이렇게도 이해할 수 있기 때문이다. "주의해야 할 것은 공자와 제자들이 담화하는 동안 증석이 곁에서 비파를 켜고 있었다는 점이다. 이를 통해 볼 때 공자는 담화할 때 누군가 반주해 주는 것을 좋아했던 것 같다(리링, 『집 잃은 개 1』, 634쪽)." 정약용도 이 '질의'의 주석에서 "증석이 비파를 연주한 것은 아마도 공자께서 그렇게 하도록 시키신 것 같다"라고 기록하였다. 해석은 언제나 서로 다를 수 있다. 그렇기 때문에 이러한 비판의 입장은 증점에 대한 다양한 평가를 보여주고자 하는 정약용의 친절한 마음씀씀이 정도로 보는 것이 좋을 듯하다. 다시 말해서 증점이 보여준 탈속적인 광자의 측면에 대한 이러한 부정적 평가를 군이 주자학적 경학 해석에 대한 비판에서 출발한 그의 경학 해석의 입장과 직접 연결시킬 필요는 없다는 뜻이다.

주자와 마찬가지로 정약용도 증점의 입장을 '수기치인'이라는 유학의 궁극적인 목표를 지향하는 것으로 해석했다. 먼저 수기와 관련해서 살펴보자면, 정약용은 "증점의 말은 세속에 더럽혀진 먼지와 때를 털고 씻으려 한 말"이라고도 하였다(『논어고금주』 권5 「선진 하」). 그렇다면 정약용은 증점의 말에서 속세를 벗어나고자하는 뜻과 아울러 수기 곧 자기 수양의 뜻도 함께 읽어 내고자 한 것으로 보인다. 그렇기 때문에 수기와 관련해서는 다음의 글도 살펴볼 필요가 있다.

> 그 신령한 본성을 평안히 기르고 정신을 잘 펴게 하며, 혈맥이 잘 움직여 통하고 손과 발이 뛰고 춤추게 하는 일은 반드시 산에 오르고 물가에 가며, 꽃을 찾고 버드나무를 따라가는 즈음에 있게 되는 것이다. 이것이 '기수에서

목욕하고 무우대에서 바람 쐬고 노래하면서 돌아오겠습니다'라는 증점의 대답이 홀로 공자로부터 '함께 하겠다'는 인정을 받은 까닭이다.

－『다산시문집』 권22 「도산사숙록」

'자연 속에서 우리는 심신을 올바르게 길러 나갈 수 있다'
－이 글에서 정약용이 강조한 것은 바로 이 점이었다. 정약용은 증점이 혼자 공자의 공감을 이끌어 낸 결정적인 이유도 이러한 자연친화적 수양을 강조한데 있는 것으로 보았다. 그런데 흥미롭게도 이러한 관점은 앞에서 살펴본 율곡 이이의 입장과 그 맥락이 통하는 것이다. 굳이 분류하자면 정약용은 근기 남인에 속하는 인물이다. 그리고 이이의 계승자들은 남인과 대립 관계인 서인의 중추 세력이 되었다. 그러나 당파적 대립이 반드시 반대를 위한 반대만을 초래한 것은 아니다. 이경우가 그 좋은 사례가 될 것이다.

치인 곧 세상을 다스리는 일과 관련된 다음의 글은 정약용의 상소문에서 인용한 것이다.

삼가 생각하건대, 우리 전하께서는 공자와 맹자, 정자와 주자의 학문을 몸소 닦았고, 요와 순, 우와 탕의 지위를 얻으셨습니다. 그리하여 모든 성인을 계승하여 집대성하시고 수많은 이단의 학설을 축출하여 크게 통일시키며, 온갖 만물을 안연의 거문고와 증점의 비파 사이에 있게 하시니, 이것은 곧 성인이 다스리는 세상입니다.

-『다산시문집』 권9 「비방을 변명하고 동부승지를 사직하는
소(변방사동부승지소)」

여기서 주목할 필요가 있는 것은 성인이 다스리는 태평성대의 시대를 언급하는데 안연과 함께 증점의 이름이 나란히 거론된 점이다. 유교사회가 기본적으로 예악을 바탕으로 정치가 이루어지는 것을 이상으로 삼는 사회라는 점을 고려하더라도, 이러한 장면에 증점을 등장시켰다는 것은 정약용이 증점에게서 경세의식을 읽어 냈다는 것으로 해석할 수밖에 없을 것이다. 다시 말해서 정약용은 증점에게 '치인'의 측면도 존재한다는 점을 인정한 것이다. 증점과 관련하여 정약용에게서 나타나는 이러한 여러 해석을 종합적으로 고려해 볼 때, 유학자 정약용은 조선시대 유학자 중에서 그 누구보다도 증점을 통합적인 관점에서 이해하고자 노력한 인물로 평가할 수 있다.

증점, 과연 그는 누구인가

공문의 한 사람인 증점은 『논어』 속에서 공자의 공감을 얻은 인물로 나올 뿐만 아니라 증자(증삼)의 아버지이기도 하다. 이런 관계로 보면, 증점은 유가의 정통 계보 속에 굳건히 자기 자리를 잡을 수 있을 것 같은데, 중국에서 송대 이전에 나온 평가들은 대체로 그를 '공문의 아웃사이더'처럼 취급하고 있다. 그렇게 된 데에는 다른 무엇보다도 '광'으로 규정지을 수 있는 그의 독특한 사상적 좌표와 행동 양태 때문이다. 그렇다면 '광'은 어떤 의미를 내포하고 있기에 그러한 일이 벌어진 것일까? 공자는 '광'과 관련하여 "광자는 진취적이다"라고 말하였다(『논어』 「자로」). 또한 "옛날의 광자는 작은 예절에 얽매이지 않았는데, 지금의 광자는 방탕하기만 하다"라고도 말하였다(『논어』 「양화」). 이러한 공자의 언급 속에서 이미 '광'의 빛과 그림자가 드러나고 있다. '광자'는 '진취적이다' 또는

'작은 예절에 얽매이지 않는다'라고 말할 때는 '뜻이 크고 높다'는 긍정적인 의미로 해석할 수 있지만, '방탕하다'라고 말할 때는 '방자하다' 또는 '방종하다'는 부정적인 의미로 해석할 수 있다. 맹자는 이러한 의미를 종합하여, 광자를 '그 뜻은 높지만 평소에 그 행실을 살펴보면 말과 서로 합치되지 않는 자'라고 비교적 비판적으로 규정하면서, 그러한 인물의 본보기로 증점을 지목하였다. 이후의 기록들은 증점과 관련해서 일탈적이고 무례해 보이는 예화를 소개하면서 '광'의 부정적인 측면을 강조하는 경향이 뚜렷하였다.

그런데 『논어』「선진」편의 <욕기장>에 실린 공자와 증점의 대화 내용을 이러한 '광'의 의미와 연계시켜서 평가한다면, 공자는 매우 긍정적인 해석의 입장을 보여준 것이라고 말할 수 있다. 아마도 송대 이전에 증점을 가장 긍정적으로 평가한 인물은 바로 증점의 스승인 공자였을 것이다. 여기서 '진취성', '작은 예절에 얽매이지 않음'과 같은 '광자'의 긍정적 특성이 증점의 비판의식과 개성으로 표출되면서 이른바 공문 제일의 '자유정신'이 빛을 발하게 되었다고 말한다면 지나친 표현일까? 그리고 공자가 증점의 대답을 가장 마음에 들어 한 까닭도 세속을 벗어나지 않으면서도 세속에 얽매이지 않는 증점의 이러한 자유로운 정신세계에 동의했기 때문은 아닐까?

이제 송대에 들어서면서부터 증점은 새롭게 주목받으면서 재해석, 재평가되었다. 송대 이후 많은 유학자들은 『논어』「선진」편의 <욕기장> 부분을 주제로 삼아서 여러 관점에서 증점을 평가하였다. 특히 주자는 이전에 나온 증점에 대한 해석과 평가를 집대성하여 증점이라는 인물에 대한 종합적인 접근을 시도하였다. 그 결과 주자는 증점에 대하여 긍정적인 평가와 더불어 '광'과 연관하여 일부 부정적인 평가도 내렸다. 예컨대 주자는 증점이 '계무자가 죽었을 때 그 문에 기대어서 노래하고, 아들인 증삼을 큰 지팡이로 후려쳐서 땅에 넘어뜨린 일'에 대하여 '광괴(정상을 넘어선 지나친 일)[1]'이라고 말하여 '광'에 내포된 일탈적 측면을 지적하기도 했지만, 같은 에피소드에 대해 '방광[2]'이라는 표현을 사용하여 평가하기도 하였다(『주자어류』 권40). 그런데 '방광'은 마음이 활달하여 남의 구속을 받지 않는다는 뜻이므로, 이를 통해서 주자 역시 증점의 자유로운 기질과 행동, 곧 증점의 '자유정신'에 일정 정도 긍정적인 시선을 보냈다고 해석할 수 있을 것이다.

이러한 측면을 다시 범주화하면, 주자의 평가는 유학자답게 긍정적 평가=유가적 측면과 부정적 평가=비유가적 측면으로 구분할 수 있다. 먼저 『논어집주』「선진」 제25장의 주석 속에 나오는 '요순기상', '천리유행', '공자여점', '낙' 등의 개념을 토대로 증점의 사상적 좌표를 유가로 설정할 수 있는 근

---

[1] 광괴(狂怪).

[2] 방광(放曠).

거를 주로 『주자어류』의 내용을 활용하여 정리할 수 있다. 이를 통해서 우리는 주자가 증점을 유가의 정통 계보 속에서 분명한 자기 자리를 가질 수 있는 인물로 그 위상을 제고시킨 것으로 이해하고자 한다. 비유가적 측면과 관련해서는 역시 '광'의 문제가 대두된다. 주자에 따르면 '광'이 문제가 되는 것은 다른 무엇보다 이론과 실천의 불균형 때문이다. 곧 실천이 이론을 따르지 못하는 상황이 초래된다는 것이다. 거기에는 실천으로 나아가는 공부의 부족함이 자리 잡고 있으며, 그것은 결국 구체적인 사회적 실천의 결여로 나타난다. 주자가 증점을 노장과 불교 등에 비교한 까닭도 바로 그러한 비유가적 사유들 속에 그러한 문제점이 내포되어 있기 때문이다. 이경우에 장자에 대한 주자의 평가가 우리의 관심을 끈다. 왜냐하면 주자는 특히 장자를 증점과 많이 비교했기 때문이다. 넓게 보면 주자는 장자를 노자나 불교와 동일하게 다루고 있지만, 좀 더 세밀하게 들여다보면 장자에 대해서는 보다 호의적인 평가를 내리고 있다. 이런 측면은 증점에 대한 평가에도 그대로 연결되는 것이다.

이제 이러한 양 측면을 종합해 본다면, 주자는 증점에게서 나타나는 비유가적 측면을 인지하고 또한 그와 관련된 문제점을 경계하지만, 결국 증점의 사상적 위치를 유가 내에서 인정하는 것으로 증점을 재해석했다. 이에 따라 증점은 주자 이후 유가에서 공식적으로 복권되었다고 말할 수 있다. 그리고 이러한 주자의 재해석은—그것이 공자의 본래 의도와 일치하느냐하는 문제와는 별도로—증점에 대한 공자의 인정을 적극적으로 뒷받침하는 것이 되며, 그런 점에서 주자는 공자의 충실한 후학으로서의 역할을 다한 셈이 된다.

그런데 만약에 주자를 비롯한 송대 유학자들의 '요순기상'이나 '낙(즐거움)' 등에 대한 심층적인 해석을 전면 부정하게 되면 증점의 발언은 한갓 '우연적이고 돌발적인 일'이 되고 만다. 이에 따라 공자는 제자의 발언에 즉흥적으로 맞장구친 경솔한(?) 스승이 되어 버린다. 그런데 공자는 제자들이 평소에 보여주는 모든 측면을 고려하면서 대화를 나눈다는 점과 『논어』의 편찬이 일부 분파적인 요소가 개입되어 있기는 하지만 정밀한 검토와 충분한 근거를 바탕으로 이루어졌다는 점을 감안한다면, 증점에 대한 심층적인 해석은 나름대로 충분한 타당성을 가진 것으로 볼 수 있다. 또한 유학사적 측면에서 말한다면, 증점과 관련된 주자의 해석은 신유학의 새로운 변화를 바탕으로 선진유학을 재해석한 대표적인 시도 중의 하나로 볼 수 있다. 그리고 주자는 증점의 사상에 내재한 일부 부정적인 측면에도 불구하고 전반적으로 그를 긍정적으로 평가하였다. 이것은 간접적으로나마 비유가적 사유에 대하여 일정한 사상적 유연성을 보여준 것이다.

그런데 주자와 사상적 입장을 달리하는 왕양명의 경우에는 '광자'를 인간 존재의 최고 경지인 '성인'과의 거리가 그리 멀지 않은 존재로 보았다. 이러한 입장은 주자와 비교하면 '광'의 경지를 한층 더 높이 평가한 것으로 볼 수 있다. 왕양명이 보기에 광자의 문제점은 '오직 행동이 말에 부합되지 못한 것' 뿐이며, 그것 이외에 문제 삼을 것은 없었다. '광자'에 대한 이러한 평가는 곧 이른바 '자유로운 영혼의 소유자'인 증점에 대한 높은 평가로 연결된다. 왕양명은 주자가 비판한 증점의 일탈적 측면에 대해서도 오히려 자유분방한 경지로 평가하였으며, 공자 역시도 그러한 증점에 대해서 인정해준 것으로 해석하였다. 이와 같이 증점의 '자유정신'에 한층 더 주목한 왕양명의 증점 해석은 유학사 전체를 통해 볼 때 증점에 대한 최상의 긍정적인 평가라고 말할 수 있다.

그렇다면 한국의 유학자들은 증점을 어떤 인물로 이해하였을까? 한국의 유학은 기본적으로 중국의 유학과 밀접하게 연관되어 있다. 특히 조선시대의 유학은 중국의 송명유학과 긴밀히 연계되어 있기 때문에, 중국의 송명유학에서 증점이라는 주제에 대해 특별한 관심을 보여주었다면 당연히 조선유학에서도 비중 있게 다루어지게 된다. 그러나 이 경우에 한 가지 간과하지 말아야 할 것이 있다. 그것은 그 주제가 동일하다고 해서 그 내용조차 전적으로 동일한 것은 아니라는 사실이다. 증점이라는 주제와 관련해서 말한다면, 중국유학에서는 사상적 측면에서의 분석과 논의가 큰 비중을 차지했으나 조선유학에서는 상대적으로 예술적 표현 방식 특히 운문의 형식으로 증점과 관련된 주제를 많이 담아냈다는 차이점이 존재한다.

물론 이와 관련해서는 두 측면으로 나누어서 이러한 현상의 원인을 분석해 볼 수 있다. 첫째는, 이미 중국에서 사상적 논의가 충분히 진행되었기 때문에 조선의 유학자들은 상대적으로 그러한 논의를 할 필요성을 느끼지 못했다는 것이다. 둘째는, 조선의 유학자들이 상대적으로 증점의 예화에 내포된 예술적 측면에 더 주목했다는 것이다. 여기서 첫 번째 분석이 중국유학과 조선유학의 연계성에 초점을 맞추었다면, 두 번째 분석은 중국유학과 조선유학의 차이성, 다시 말해서 조선유학의 특징을 강조했다고 말할 수 있다. 우리가 먼저 흥미를 가지는 쪽은 후자이다. 조선의 여러 유학자들은 증점과 관련된 『논어』의 기록을 소재로 하여 적지 않은 글을 남겼다. 그런데 많은 경우에 문학적인 방식으로, 특히 운문의 표현 방식으로 증점을 소재로 한 작품을 비교적 많이 남긴 것을 보면 조선의 유학자들은 무엇보다도 증점이 보여준 예술적 낭만성에 주목한 것으로 보인다. 특히 증점이 대화의 현장에서 비파를 가지고 배경음악을 연주한 것이나, 한 폭의 정갈한 산수화를 보는 듯한 그의 답변 등에서 조선의 유학자들은 증점의 예술적 소양을 포착한 것으로 보인다. 조선의 유학자들이 이렇듯이 예술적 측면에 보다 많은 관심을 가진 것은 그들 자신이 그러한 예술에 공감하는 역량이 뛰어났다는 점도 작용한 것으로 보인다.

  그런데 사상적 측면에서 볼 때 증점에 대한 조선유학자들의 평가에 가장 큰 영향을 끼친 인물은 역시 주자이다. 퇴계 이황, 율곡 이이 등 조선의 많은 유학자들은 곧 주자학자였기에 증점에 관한 글을 지을 경우 주자가 사용한 표현을 많이 활용했을 뿐만 아니라, 주자의 견해에 공감하고 동조하였다. 이 경우에 조선의 주자학자들은 대체로 증점에 대하여 긍정적으로 평가하는 주자의 입장을 선호하고 수용하였다. 물론 주자와 마찬가지로 '광'과 관련된 일부 부정적인 측면을 지적하지 않은 것은 아니지만, 증점을 부정적으로만 평가하는 입장은 찾아보기 힘들다. 또한 조선유학계 전체로 보면 극소수이지만, 조선의 양명학자들의 경우에도 장유처럼 적극적으로 왕양명의 입장을 지지하기도 하지만 증점을 긍정적으로 보는 정도는 결과적으로 주자학자들과 크게 차이가 없다고 말할 수 있다. 다른 비주자학적 입장의 유학자들의 경우에도 증점과 관련하여 일부 비판적인 관점을 제시하기도 하지만, 기본적인 흐름은 긍정적인 입장이다. 이러한 점을 종합해 볼 때, 조선의 유학이 중국유학의 자장권 안에 들어 있었다는 점은 부인하기 어려울 것으로 보인다. 달리 표현한다면, 조선유학의 사상적 특징 중 하나는 중국유학과의 일종의 공명현상이라는 점을 증점에 대한 논의를 통해서 다시 확인할 수 있다는 것이다. 그러나 중국유학과 조선유학의 상관성이 크기는 하지만, 그렇다고 해서 조선유학이 중국유학을 단순히 수용하고 모방하는 차원에만 머물지는 않았다는 점 또한 분명하게 인식할 필요가 있다.

한편 중국에서든 한국에서든 중국 송대 이후에 이루어진 증점에 대한 평가와 관련하여 핵심적인 위치를 차지하는 개념은 '증점의 기상'이다. 그것과 관련해서는 그 기상을 '경세의식(이 세상을 좋은 세상으로 만들겠다는 정신)' 곧 공동체를 먼저 지향하는 정신과 '낙세의식(이 세상에서 참된 즐거움을 누리겠다는 정신)' 곧 개인을 먼저 지향하는 정신으로 그 해석의 강조점이 달라질 수 있다.[3] 예를 들면 『논어』「선진」편 <욕기장>에 나오는 자로 등의 대답은 경세의식을 보여준 전형적인 예라고 할 수 있다. 물론 증점의 대답에서도 이러한 경세의식을 읽어내기도 한다. 조선의 실학자인 성호 이익은 증점의 답변에 경세의식이 들어 있는 것으로 해석한 대표적인 인물이다. 증점의 대답을 오로지 경세의식과 결부시켜 해석한다면 증점은 그 사상적 정체성의 측면에서 의심할 여지없이 유학자로 인정받겠지만, 그렇다고 일부 비유가적인 요소가 개입될 여지가 있다고 해서 낙세의식을 무조건 배제할 필요는 없다. 오히려 '경세'의 궁극적인 지향처는 '낙세'가 되어야 하며, '낙세의식'이 기저에 든든하게 자리 잡고 있을 때 오히려 '경세의식'이 올바른 방향성을 잃지 않게 된다.

---

3 경세의식(經世意識), 낙세의식(樂世意識).

　그런데 여기서 한 가지 놓치지 말아야 할 것은, 증점의 이러한 경세의식과 낙세의식의 저변에는 공통적으로 유학의 '예술정신'이 자리 잡고 있다는 점이다. 증점의 비파 연주와 공자의 물음에 대한 대답 중에서 '노래하면서 돌아오겠습니다'라고 한 장면에서 우리는 음악을 통한 증점의 예술 지향적인 입장 곧 예술정신을 헤아려 볼 수 있다. 실제로 유학의 예술정신은 다른 어떤 분야보다도 음악에서 뚜렷이 드러난다. 일찍이 중국 고대 주나라의 교육 과목 속에는 음악이 포함되어 있는데, 주나라의 문화유산을 충실히 계승하고자 노력한 공자는 특히 음악에 관심이 많았다. "공자는 음악교육을 중요시하여 『시경』을 가르칠 때면 언제나 음악을 깔고 노래하여 현금이 손에서 떠나지 않았다. 이야기를 할 때도 연주를 하면서 했다(리링, 『논어, 세 번 찢다』, 139쪽)." 그렇기 때문에 그 스스로 열렬한 음악 마니아인 공자의 문하에서 제자들은 음악을 필수과목으로 공부하였다. 오죽하면 공자의 제자 중 성격이 가장 괄괄한 자로조차도 악기 연주를 익혔겠는가! 물론 자로의 음악에 대하여 공자는 아주 높게 인정하지는 않은 것 같다. 그래서인지 『논어』에는 "자로의 비파를 어찌하여 내 집 문 앞에서 타는가?"라는 공자의 말이 기록되어 있다(『논어』 「선진」). 거기에 비한다면 스승과 동문들이 대화할 때도 배경음악을 연주한 증점의 음악 수준은 남달랐던 것 같다.

　음악은 기본적으로 예술이기 때문에 아름다움 곧 미를 추구하는 정서적 욕구와 가장 먼저 관련되어 있다. 그런데 공자가 음악을 강조한 까닭은 단순히 정서적 차원에 그치는 것이 아니었다. 공자는 예악 곧 예법과 음악을 통해서 개인의 덕성을 함양하고, 이를 바탕으로 조화로운 세상을 구현하는 것을 목표로 삼았다. 음악을 중심으로 다시 말한다면, 공자는 개인의 도덕성과 아울러 인간사회에 가장 큰 영향력을 발휘하는 정치 또한 음악과 불가분의 관계에 있는 것으로 보았다. 공자는 "소악에 대해서는 '지극히 아름답고 지극히 선하다'라고 평하고, 무악에 대해서는 '지극히 아름답지만 지극히 선하지는 않다'라고 평하였다(『논어』「팔일」)." 여기서 아름다움 곧 미는 예술의 범주에 속하고, 선은 도덕의 범주에 속한다. 그런데 소악은 선양으로 왕위에 오른 순임금의 음악이며, 무악은 무력으로 왕위에 오른 주나라 무왕의 음악이다.[4] 그렇다면 공자는 정치적 행동 방식의 차이가 음악에 반영되어 있다고 본 것이다. 증점의 경우도 이와 마찬가지이다. 증점은 그 자신이 도달한 예술적 운치와 그의 내면에 품고 있는 높은 정치적 이상을 음악을 매개로 해서 함께 표현한 것이다. 이를 통해서 우리는 예술이 공문 제자들의 정치적 이상과 긴밀하게 연계되어 있음을 알 수 있으며, 동시에 순임금의 소악에서 보듯이 예술 경계와 도덕 경계의 융합이 공문의 지고의 이상이라는

---

[4] 소악(韶樂), 무악(武樂).

것을 헤아려 볼 수 있다(정우락, 「『논어』에 나타난 공자의 예술정신과 문학사상」, 『대동한문학』 제18집, 192쪽 참조).

그런데 여기서 한 가지 주목해야 하는 점은 증점의 자유정신과 예술정신의 상관성 문제이다. 기본적으로 예술은 자유라는 토양 위에서 자란다고 말할 수 있다. 물론 이때의 자유라는 것은 폭넓게 말한다면 사회적, 정치적 자유도 포함되겠지만, 최소한 개인의 정신적 자유의 영역만이라도 확실하게 존재해야 한다는 의미이다. 다시 말해서 예술 활동이 가능하기 위해서는 이러한 최소한의 자유가 확보되어야 하기 때문에 이러한 자유는 곧 예술 활동의 최후의 마지노선이 된다. 앞에서 논의한 관련 사항을 종합해 볼 때 공문의 제자 가운데서 증점은 그 누구보다도 이러한 정신적 자유를 향유할 줄 아는 인물로 보인다. 그렇기 때문에 예술방면 곧 음악에서 그가 보여준 것은 다름 아닌 그의 자유정신의 표현이라고 말할 수 있다.

이제 우리는 무엇보다도 증점의 이러한 복합적 측면이 오히려 조선유학자들의 감수성과 상상력을 자극하고, 예술적 낭만성과 자연친화적 세계관을 형성하는데 긍정적으로 작용하였다고 적극적으로 해석하고자 한다. 다시 말해서 조선의 유학자들이 고요한 도덕세계와 더불어 생생한 감성세계에서 삶의 가치와 여유를 음미하면서 진정 인간답게 살아갈 수 있도록 하는데 증점이라는 인물이 중요한 자극제가 되었다고 볼 수 있다.

　이와 같이 증점은 시대에 따라서 또는 유학자에 따라서, 다시 말해서 보는 관점에 따라서 매우 다양하게 해석이 되는 인물이다. 그것은 그만큼 증점의 인간적인 개성이나 사상적인 특성이 폭넓은 스펙트럼을 보여줄 수 있는 측면을 간직하고 있다는 의미이기도 하다. 이렇듯이 공자의 제자 중에서도 매우 다면적이고도 중층적인 정신세계를 가진 독특한 개성의 인물인 증점은 중국의 유학자들뿐만 아니라 조선의 유학자들에게도 매우 소중한 정신적 영향을 끼친 인물로 평가받을 수 있을 것이다.

참고문헌

(1) 한국고전

『계곡만필(谿谷漫筆)』

『계곡선생집(谿谷先生集)』

『고봉속집(高峰續集)』

『고산유고(孤山遺稿)』

『고운선생문집(孤雲先生文集)』

『논어고금주(論語古今註)』

『농암집(農巖集)』

『다산시문집(茶山詩文集)』

『담헌서(湛軒書)』

『동유사우록(東儒師友錄)』

『둔옹선생문집(遯翁先生文集)』

『문봉집(文峯集)』

『사변록(思辨錄)』

『삼봉집(三峯集)』

『서하선생집(西河先生文集)』

『성호사설(星湖僿說)』

『송자대전(宋子大全)』

『여헌선생문집(旅軒先生文集)』

『율곡전서(栗谷全書)』

『조선왕조실록(朝鮮王朝實錄)』

『주자언론동이고(朱子言論同異攷)』

『지천선생집(遲川先生集)』

『퇴계선생문집(退溪先生文集)』

『하서전집(河西全集)』

『학봉일고(鶴峯逸稿)』

(2) 중국고전

『고신록(考信錄)』

『공자가어(孔子家語)』

『근사록(近思錄)』

『십삼경주소(十三經注疏)』

『사서집주(四書集註)』

『사기(史記)』

『상산선생전집(象山先生全集)』

『서명(西銘)』

『설원(說苑)』

『시경(詩經)』

『양명전서(陽明全書)』

『여씨춘추(呂氏春秋)』

『예기(禮記)』

『이정전서(二程全書)』

『장자(莊子)』

『전습록(傳習錄)』

『주례(周禮)』

『주자대전(朱子大全)』

『주자어류(朱子語類)』

『한비자(韓非子)』

『한시외전(韓詩外傳)』

(3) 한국 저서 및 번역서

박석, 『송대의 신유학자들은 문학을 어떻게 보았는가』, 역락, 2005.

정약용 저, 이지형 역주, 『역주 논어고금주』, 사암, 2010.

한원진 저, 곽신환 역주, 『주자언론동이고』, 소명출판, 2002.

(4) 외국 저서 및 번역서

궈모뤄(郭沫若) 저, 조성을 옮김, 『중국고대사상사』(원제 : 『십비판서(十批判書)』), 까치, 1991.

김용옥 역주, 『논어한글역주 3』, 통나무, 2008.

리링(李零) 저, 황종원 옮김, 『논어, 세 번 찢다』, 글항아리, 2011.

리링(李零) 저, 김갑수 옮김, 『집 잃은 개 1』, 글항아리, 2012.

린지핑(林繼平) 저, 『육상산연구(陸象山研究)』, 대만상무인서관(臺灣商務印書館), 1983.

짜오펑(趙峰) 저, 『주희의 최종 관심(朱熹的終極關懷)』, 화동사범대학출판사(華東師範大學出版社), 2004.

정인재 · 한정길 역주, 『전습록 1』, 청계, 2004.

천라이(陳來) 저, 전병욱 옮김, 『양명철학』(원제 : 『유무지경(有無之境)』), 예문서원, 2003.

천롱지에(陳榮捷) 편저, 『전습록상주집평(傳習錄詳註集評)』, 학생서국(學生書局), 1983.

첸무(錢穆) 저, 『논어신해(論語新解)』, 삼련서점(三聯書店), 2003.

카나야 오사무(金谷治) 외 저, 조성을 옮김, 『중국사상사』, 이론과실천, 1993.

(5) 연구논문

임종진, 「장자에 대한 주자의 인식 태도」, 『철학논총』 제37집, 새한철학회, 2004.

임종진, 「증점의 사상적 좌표에 대한 검토-주자의 관점을 중심으로」, 『퇴계학과 한국문화』 제39호, 경북대학교 퇴계연구소, 2006.

임종진, 「증점과 조선시대 유학자들」, 『퇴계학과 한국문화』 제49호, 경북대학교 퇴계연구소, 2011.

정우락, 「『논어』에 나타난 공자의 예술정신과 문학사상」, 『대동한문학』 제18집, 대동한문학회, 2003.

(6) 기타

한국고전번역원, <한국고전종합DB>(http://db.itkc.or.kr).

저자 **임종진**__ 경북대학교 인문대학 철학과 교수

저자는 유학과 관련된 전반적인 분야에 흥미를 갖고 있다. 지금은 생활하는 곳인 영남의 유학, 그중에서도 주로 근대 시기의 영남유학에 관심을 두고 있다. 저서로는 『남명학의 계승양상과 강우지역의 학술-경상우도 성재 허전의 학단을 중심으로』(공저), 『한강 정구』(공저) 등과 발표 논문으로는 「성와 이인재의 성리사상-〈고대희랍철학고변〉에 대한 분석을 중심으로」, 「대구권 성리학의 초기 정착 과정에 관한 기초 연구」 등이 있다.

경북대 인문교양총서 ㉘
증점, 그는 누구인가

초판 인쇄 2014년 9월 22일
초판 발행 2014년 9월 30일

지은이 임종진
기 획 경북대학교 인문대학
펴낸이 이대현
편 집 박선주 권분옥 이소희
디자인 이홍주
마케팅 안현진

펴낸곳 도서출판 역락
주 소 서울시 서초구 동광로 46길 6-6 문창빌딩 2층
전 화 02-3409-2060(편집), 2058(마케팅)
팩 스 02-3409-2059
등 록 1999년 4월 19일 제303-2002-000014호
전자우편 youkrack@hanmail.net

값 9,000원
ISBN 979-11-5686-086-0 04150
         978-89-5556-896-7 세트
* 파본은 구입처에서 교환해 드립니다.